审计学一流专业、"三特"专业及专业群建设教材

建设工程审计与案例

兰玲 王家祥 陈松涛 编著

西南交通大学出版社
·成都·

图书在版编目（CIP）数据

建设工程审计与案例 / 兰玲，王家祥，陈松涛编著
. 一成都：西南交通大学出版社，2020.1（2022.7 重印）
审计学一流专业、"三特"专业及专业群建设教材
ISBN 978-7-5643-7253-8

Ⅰ.①建… Ⅱ.①兰… ②王… ③陈… Ⅲ.①建筑工程 – 审计 – 高等学校 – 教材 Ⅳ.①F239.63

中国版本图书馆 CIP 数据核字（2019）第 272299 号

审计学一流专业、"三特"专业及专业群建设教材

Jianshe Gongcheng Shenji yu Anli
建设工程审计与案例

兰玲　王家祥　陈松涛 / 编著	责任编辑 / 姜锡伟
	封面设计 / 何东琳设计工作室

西南交通大学出版社出版发行

（四川省成都市金牛区二环路北一段 111 号西南交通大学创新大厦 21 楼　610031）
发行部电话：028-87600564　028-87600533
网址：http://www.xnjdcbs.com
印刷：成都中永印务有限责任公司

成品尺寸　185 mm × 260 mm
印张　11.25　字数　245 千
版次　2020 年 1 月第 1 版　印次　2022 年 7 月第 3 次

书号　ISBN 978-7-5643-7253-8
定价　36.00 元

课件咨询电话：028-81435775
图书如有印装质量问题　本社负责退换
版权所有　盗版必究　举报电话：028-87600562

审计学一流专业、"三特"专业及专业群建设教材

编 委 会

主　任　　黄胜忠　郑国洪

副主任　　胡耘通　兰　玲　吴先聪

编　委　　谢柳芳　陈丽蓉　范伟红　赵　毅　葛　静

　　　　　徐江伟　吕　炜　蒋卫艳　杜　鹃　梁　静

　　　　　张玉娟　马茜群　崔东颖

近年来，我国固定资产投资规模平稳快速增长，2018年，我国固定资产投资规模超过60万亿元，建设工程审计在促进建设工程规范化管理、实现投资效益、降低风险方面发挥了重要作用。随着建设工程投资管理模式的不断发展，建设工程审计的深度和广度都在扩展，对建设工程审计实务的研究也随着工程实践的发展不断加深。

建设工程审计具有很强的专业性和实践性，从业人员除应当具备审计工作的基本能力外，还应当熟悉建设工程管理的基本知识，了解建设工程管理的法律法规，掌握建设工程审计的重点，只有同时具备审计与建设管理的基本素质，才能在建设工程审计实践中有针对性地发现问题和解决问题，有效发挥建设工程审计对工程建设的监督作用。

本书以实务研究为核心，以建设工程管理知识为基础，提炼建设工程全过程重点阶段的主要工作，分析其存在的问题并以此提出审计的重点；同时，为加深对实务问题解决方案的理解，本书提供了多个真实审计案例。本书关注建设工程领域最新法律法规，力求体现最新规定和要求，以此反映建设工程审计的新问题。

本书在编写过程中得到了重庆谛威工程造价咨询有限公司的大力支持，并由重庆谛威工程造价咨询有限公司王家祥、陈松涛编写各章节案例，由西南政法大学商学院兰玲编写其余部分。

由于建设工程审计在我国发展规模很大，各地区存在差异性，加之各种环境因素在不断变化，现行法律法规在不断完善，受资料和实践的局限，本书仍然存在诸多不足，敬请读者批评指正。

编著者

2019年8月

目录 / CONTENTS

第一章 建设工程及审计一般问题概述 …………………………… 1
 第一节 建设工程概述 ……………………………………………… 1
 第二节 建设工程管理 ……………………………………………… 9
 第三节 建设工程审计概述 ………………………………………… 24

第二章 投资决策审计与案例 …………………………………………… 30
 第一节 投资决策概述 ……………………………………………… 30
 第二节 投资决策主要工作与存在的问题 ………………………… 35
 第三节 投资决策审计实务工作的重点 …………………………… 38
 第四节 投资决策审计案例 ………………………………………… 41

第三章 征地拆迁管理审计与案例 …………………………………… 47
 第一节 征地拆迁管理概述 ………………………………………… 47
 第二节 征地拆迁管理主要工作与存在的问题 …………………… 50
 第三节 征地拆迁管理审计实务工作的重点 ……………………… 54
 第四节 征地拆迁管理审计案例 …………………………………… 56

第四章 工程勘察设计管理审计与案例 ……………………………… 61
 第一节 工程勘察设计管理概述 …………………………………… 61
 第二节 工程勘察设计管理主要工作与存在的问题 ……………… 66
 第三节 工程勘察设计管理审计实务工作的重点 ………………… 68
 第四节 工程勘察设计管理审计案例 ……………………………… 69

第五章 工程招投标管理审计与案例 ………………………………… 74
 第一节 工程招投标管理概述 ……………………………………… 74
 第二节 工程招投标管理主要工作与存在的问题 ………………… 81
 第三节 工程招投标管理审计实务工作的重点 …………………… 90
 第四节 工程招投标管理审计案例 ………………………………… 93

第六章	工程合同管理审计与案例	99
	第一节 工程合同管理概述	99
	第二节 工程合同管理主要工作与存在的问题	106
	第三节 工程合同管理审计实务工作的重点	115
	第四节 工程合同管理审计案例	120
第七章	工程造价管理审计与案例	124
	第一节 工程造价管理概述	124
	第二节 工程造价管理主要工作与存在的问题	131
	第三节 工程造价管理审计实务工作的重点	143
	第四节 工程造价管理审计案例	150
第八章	工程质量管理审计与案例	155
	第一节 工程质量管理概述	155
	第二节 工程质量管理主要工作与存在的问题	159
	第三节 工程质量管理审计实务工作的重点	164
	第四节 工程质量管理审计案例	166
参考文献		171

第一章
建设工程及审计一般问题概述

第一节 建设工程概述

一、建设工程相关概念辨析

（一）基本建设

"基本建设"一词源自苏联，中华人民共和国成立以来，在国民经济建设方面学习苏联的做法，用基本建设指称把投资转化为固定资产的生产经济活动。20世纪50年代初直至80年代，我国官方发文多使用"基本建设"一词，例如：政务院财政经济委员会1951年1月27日发布《关于做好一九五一年基本建设计划的指示》，1951年8月10日发布《关于改进与加强基本建设工作的指示》，1952年1月9日发布《基本建设工作暂行办法》；国家计划委员会、国家建设委员会、财政部1978年4月22发布《关于试行加强基本建设管理几个规定的通知》（计基〔1978〕234号）；国家计划委员会1984年8月18日发布《关于简化基本建设项目审批手续的通知》（计资〔1984〕1684号）。

基本建设的内涵在此期间也在不断发生变化。1953年以前，基本建设的范围包括固定资产投资的全部投资。为了适应生产管理的需要，从1954年开始直至1981年，原列入基本建设计划中的部分资金逐渐从中分离出来，这些资金包括新产品试制费、技术组织措施费、劳动安全措施费、零星基本建设投资、矿山林区的采掘、采伐工业的开拓延伸费、设备更新资金等，被统称为技术改造资金，由其他渠道安排资金来源。1982年之后，基本建设投资和技术改造投资成为并列的两大部分，例如国务院1982年12月24日发布的《关于严格控制固定资产投资规模的补充规定》规定：基本建设要保证重点，技术改造要注意搞活；改扩建的生产性建筑面积（单项工程），一般超过原有建筑面积百分之三十的，应按基本建设管理。1983年6月20日，国家计划委员会、国家经济委员会、国家统计局发布《关于更新改造措施与基本建设划分的暂行规定》（计资〔1983〕869号）对基本建设与更新改造工程进行了明确区分。20世纪80年代之后，我国又逐渐将基本建设与更新改造投资合称为建设项目投资。

（二）固定资产投资

固定资产投资是建造和购置固定资产的经济活动，即固定资产再生产活动，是社会固定资产再生产的主要手段。固定资产投资包括改造原有固定资产以及构建新增固定资产的投资，固定资产再生产过程包括固定资产更新（局部和全部更新）、改建、扩建、新建等活动，固定资产投资包含了基本建设投资和更新改造工程投资。

关于固定资产投资的统计范围，1983年9月7日，国家统计局等下达《关于固定资产投资统计范围、口径的几项暂行规定》的通知，对固定资产投资和更新改造措施的统计范围作了规定：凡属于大修理、养护、维护性质的工程（如设备大修，建筑物的翻修和加固，农田水利工程和堤防、水库的岁修，铁路大修，等），不属于固定资产投资统计范围。《中国统计年鉴 2018》中固定资产投资统计的范围包括城乡建设项目投资、房地产开发投资及农户投资。自 2011 年起，除房地产开发投资、农户投资外，固定资产投资项目统计起点，由计划总投资 50 万元提高到 500 万元（含）。由此可知，当前固定资产投资的统计范围是从投资性质和投资金额两方面进行划分的，修理及维护性质投资以及低于统计限额的投资不列入固定资产投资。

（三）建设工程

自 20 世纪末以来，建设工程或建设项目这类词汇的使用逐渐增多，其使用范围并没有严格区分。例如：国务院1998年11月29日发布《建设项目环境保护管理条例》（国务院令第253号），2000年1月30日发布《建设工程质量管理条例》（国务院令第279号）；国家计划委员会2000年5月1日发布《工程建设项目招标范围和规模标准规定》；建设部和质量监督检验检疫总局2003年2月17日联合发布《建设工程工程量清单计价规范》（GB 50500—2003）；建设部2004年11月16日发布《建设工程项目管理试行办法》（建市〔2004〕200号），国家发展和改革委员会（以下简称国家发展改革委）等九部委2013年3月11日发布《工程建设项目施工招标投标办法》（九部委第23号令）。

法律法规当中对建设工程的概念并没有统一，例如：《建设工程质量管理条例》规定，本条例所称建设工程，是指土木工程、建筑工程、线路管道和设备安装工程及装修工程；《建设工程分类标准》（GB/T 50841—2013）规定，建设工程是为人类生活、生产提供物质技术基础的各类建（构）筑物和工程设施。

归纳各种建设工程的概念，我们认为：建设工程（项目）通常也称为建设项目，是以形成固定资产为目的，由建设项目筹建单位或项目法人所主导的，严格执行法律法规规定的基本建设程序，对项目从决策、筹资、建设直至竣工验收和后期运营维护、投资回收全过程负责的建设活动及其形成的建设成果的总称。从这个意义上理解，建设工程既具有动态属性，也具有静态属性。建设工程的动态属性表明建设工程包含了建造过程和建设活动，其静态属性表明建设工程包含了建造对象和建造成果。

（四）各概念的区别与联系

从以上论述可以看出，建设工程项目与基本建设、固定资产投资等概念的含义既具有相关性，又有其特定的使用语境。从三者内涵来看，建设工程包含了基本建设和更新改造工程，固定资产投资中建造活动的对象就是建设工程项目，即建设工程项目不包含单独购置固定资产的活动。另外，从固定资产投资的统计范围来看，城乡建设项目投资中500万元以下（2011年起）并不计入固定资产投资，同时建设工程项目总投资的构成既包括固定资产投资，还包括流动资金投资，建设成果除了形成固定资产，还形成流动资产、递延资产和无形资产等等。因此，从投资统计的角度看，建设工程项目与固定资产投资在内涵上是交叉关系。而它们在外延上具有以下特点：基本建设是国民经济固定资产再生产的重要手段，是从建设活动在国民经济中所处地位来定义的经济活动，突出其基本性、重要性，具有显著的时代特征，并逐渐被建设项目或建设工程取代；固定资产投资是从投资主体和资金运行角度定义的经济活动，关注其投资效益，主要用于财经管理领域；建设工程或建设项目是从建设对象角度定义的经济活动，强调对建设过程的管理和控制，主要用于工程建设领域。

二、建设工程的特点

（1）建设工程具有统一管理的特点。一个建设工程由一个或若干个互相有内在联系的单项工程组成，这些单项工程归属于一个方案设计或初步设计，在建设中由一个项目业主实施统一报批、核算和管理。

（2）建设工程具有多维度的建设目标。工程建设的总目标是形成特定的固定资产。该目标又由5个子目标来实现：一是工期目标，建设工程的工期受许多因素的影响，包括建设规模、资金投入、工程实施难易程度等等，但所有工程均有合理的建设工期，设置工期目标是为了保证建设工程能尽早发挥使用效益，为建设工程的效率性提供支持；二是投资目标，任何一项建设工程都有投资总额的限制，建设工程在决策阶段就有投资估算，并以此为控制目标，在建设过程中严格控制投资，使工程能够顺利完成，投资目标为建设工程的经济性提供支持；三是质量目标，建设工程能够在建设后发挥其使用功能，必须符合工程建设的质量标准，质量目标是建设工程最重要、最核心的约束条件，没有质量的约束，建设工程将沦为劣质工程，直接影响到人的生命安全，质量目标为建设工程的效果性提供支持；四是安全目标，工程建设必须高度重视安全问题，这里的安全既包括生产安全和使用安全，也包括人身安全和质量安全，要严防安全事故的发生，避免人身伤害和工程建设损失；五是环境目标，建设工程通过工程建造活动，为广大人民群众提供合格的建筑产品，在当前注重节能、环保，关注人与自然和谐共生的大背景下，对建设工程也提出了节能性、环保性要求。

（3）建设工程的实施要符合建设规律。工程建设过程由一系列具有先后顺序的活动组成，包括提出建设意向和项目建议、编制工程方案、项目评估、投资决策、勘测设计、工程施工直至工程竣工、投入生产或使用等。这些建设过程和活动是建设工程必须遵循的建设程序，具有严格的先后顺序，违背建设程序往往导致建设目标无法实现。

（4）建设工程具有资源投入密集的特点。资源投入的密集性体现在：一是资金密集，一项建设工程的投入往往很大，现代大型建设工程更是动辄上千万、上亿元的投资。二是劳动密集，随着建筑施工技术的进步和建筑机械化程度的提高，建设工程需要的劳动投入会逐步减少，但与其他行业相比，建设工程始终离不开大量劳动的投入。三是材料设备密集，建设工程实施过程中需要大量的材料和设备，这些材料设备种类繁多，有的构成工程实体，有的周转使用。四是管理密集，建设工程的实施参与者众多，既有项目业主，又有政府主管部门、施工单位、材料设备供应单位、中介服务单位等等，在参与各方中，除政府主管部门依据法律法规赋予的权限进行管理外，其余各方之间均以合约的方式相互约束，由于建设各方均有各自的利益目标，这就增加了合约的复杂程度和履约风险，因此建设争议频发。

三、建设工程的组成层次分解

为了实现建设目标，工程参与各方在整个建设程序中都要对建设工程实施管理和控制，因此，需要将建设工程划分成便于管理和控制的更小单元。实践中将建设工程从大到小划分为单项工程、单位工程、分部工程、分项工程等 4 个组成层次。

（一）单项工程

单项工程是组成建设工程的第一个层次。一项建设工程可以只有一个单项工程，也可以有多个单项工程。单项工程具有完整和独立的使用功能，通常体现为一个单体的建筑，例如一所学校的教学楼、宿舍，一所工厂的厂房、办公楼，等等。单项工程具有独立的设计文件，其建设实施具有综合性，需要建筑、结构、安装等多项专业的协调和组织。

（二）单位工程

单位工程是组成建设工程的第二个层次，同时也是单项工程的组成部分。单位工程不具有独立存在的意义，不能独立发挥使用功能，如学校教学楼的土建工程、水电安装工程、电气照明工程、消防工程、通风空调工程、采暖工程等都是不同的单位工程。单位工程的划分与工程设计专业的分类方式基本一致，可以由不同类型的设计专业完成工程设计，同时在工程建设时，也可以单独发包给专业施工单位，独立组织招投标、施工和进行工程造价结算。

(三) 分部工程

分部工程是组成建设工程的第三个层次，也是单位工程的组成部分，是按工程的部位、结构形式、设备种类、工种、施工方法等的不同来划分的，例如土建单位工程按部位不同划分为基础工程、墙体工程、屋面工程、门窗工程、楼梯工程等分部工程，按工种不同划分为土石方工程、钢筋混凝土工程、装饰工程等分部工程。单位工程的划分使管理者便于对工程质量、进度、造价等进行管理，如在工期管理中所说的工程形象进度，即指工程完成到某个分部工程。

(四) 分项工程

分项工程是组成建设工程的最小层次，也是组成分部工程的最小单元。分项工程根据工种、构件类别、使用材料的不同划分，例如混凝土及钢筋混凝土分部工程，就划分为带形基础、独立基础、满堂基础、设备基础、矩形柱、有梁板、阳台、楼梯、雨篷、挑檐等分项工程。分项工程的划分符合工程质量、进度、造价管理和控制的需要，是管理工作的最小控制单元。工程造价就是以分项工程作为最小计算项目来划分的。

建设工程的组成见图 1.1。

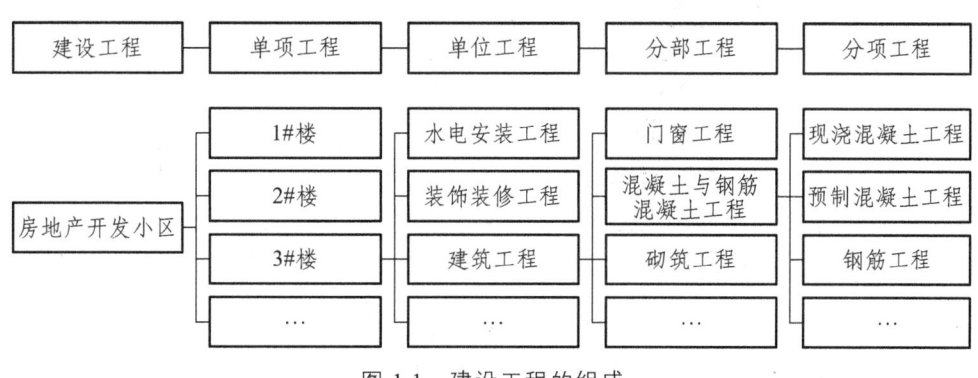

图 1.1　建设工程的组成

四、建设工程的类别划分

建设工程分类在国际上没有统一标准，可以有多种分类方法，以下是几种常见的分类。

(一) 按自然属性划分

建设工程按照自然属性分为建筑工程、土木工程和机电工程三大类。每一大类中又分出不同层次。

1. 建筑工程

建筑工程本质上属于土木工程范畴，是由土木工程发展而来的分支，因其在建设工程中占有重要的地位且数量很大，因此单独分类。建筑工程按照使用性质分为民用建筑工程、工业建筑工程、构筑物工程及其他建筑工程等，按照组成部分的功能分为地基与基础工程、主体结构工程、建筑屋面工程、建筑装修装饰工程和室外建筑工程，按照所处空间位置分为地下工程、地上工程、水下工程、水上工程等。

2．土木工程

土木工程与机电工程相对应，是排除各类设备安装工程的建设工程，其建造对象包括道路工程、轨道交通工程、桥涵工程、隧道工程、水工工程、矿山工程、架线与管沟工程、其他土木工程。

3．机电工程

机电工程在国民经济的诸多行业中广泛开展，例如装配制造业、冶金行业、电力行业和石化行业等等。机电工程可进一步分为机械设备工程、静置设备与工艺金属结构工程、电气工程、自动化控制仪表工程、建筑智能化工程、管道工程、消防工程、净化工程、通风与空调工程、设备及管道防腐蚀与绝热工程、工业炉工程、电子通信及广电工程等等。

（二）按建设性质划分

1．新建项目

新建项目是新开始建设的项目，"新"即指该项目从"无"开始，是一个从"无"到"有"的过程。但在实践中，有的建设项目并非零基础，也被称为新建项目，这是由于一些项目原有基础很小，与新增加建设的部分相比只占很小的比例，我国规定新增加的固定资产价值超过原有固定资产价值3倍的，也算新建项目。

2．扩建项目

扩建项目是在建设之前已经具有一定的规模，在社会生产和生活中发挥了生产效益和使用功能，但随着经济的发展，其原有规模不能满足使用要求，需要扩大规模以实现其生产能力或服务能力增长的项目，例如生产企业新增厂房建设和增加生产线以生产更多的产品，医院增加门诊、住院楼以满足更多病患的需要，学校在原址周边扩大用地面积建设校舍和附属设施以满足扩大招生规模的需要，等。

3．改建项目

改建项目的特点是对原有的基础进行改造，与扩建项目相比，其主要目的不在于扩大规模，而是更新和改造。如果说扩建项目是为了实现外延式的增长，则改建项目是为了实现内涵式的增长。对生产性企业而言，改建是对原有的厂房和生产线进行改造以实现产品的更新换代；对其他建设主体而言，改建是改变原有建筑的使用功能以获得新的使用功能。

4．迁建项目

迁建项目是指地理位置变迁的项目，由于社会经济发展中的各种原因，项目主体不能或不适宜在原址继续发展和存续，需要重新选址建设并迁移。例如我国近年各地兴建的大学城，就使许多大学从原址迁建到大学城当中，实现教学资源集中的规模化效应；又如将污染型企业从城市中心区迁移到远离城市的地区。2017年4月1日，中共中央、国务院印发通知，决定设立河北雄安新区，未来将有许多的企业、事业单位迁建入驻。

5．恢复项目

恢复项目是指项目因发生意外事故、自然灾害、战争或因时间流失等被破坏，原有建筑无法继续使用，需要按原规模重新恢复建设的项目，例如发生火灾以后对原建筑进行修复建设，又如对古建筑进行复原建设，等等。在恢复的同时进行扩建的，应作为扩建项目。

（三）按投资主体划分

建设项目按投资主体划分为政府投资项目和非政府投资项目。

政府投资项目使用财政预算资金建设。为有效发挥财政投资的效益，我国对政府投资项目的建设实行严格的审批管理。政府投资项目按照其是否具有营利性，又分为经营性政府投资项目和非经营性政府投资项目。政府投资资金主要投向市场不能有效配置资源的社会公益服务、公共基础设施、农业农村、生态环境保护、重大科技进步、社会管理、国家安全等公共领域的项目，以非经营性项目为主。非经营性项目是非营利性的，追求社会效益的最大化，如环境保护设施、学校、医院以及各行政、司法机关办公设施等项目都属于非经营性政府投资项目。

经营性政府投资项目指具有营利性质的政府投资项目，政府主要采取资本金注入方式，或适当采取投资补助、贷款贴息等方式投入资金。政府投资的水利、电力、铁路等项目基本都属于经营性项目。经营性政府投资项目实行项目法人责任制，由项目法人对项目的策划、资金筹措、建设实施、生产经营、债务偿还和资产的保值增值实行全过程负责，使项目的建设与建成后的运营实现一条龙管理。

（四）按建设规模划分

建设工程中的基本建设项目按照建设规模即建设资金数额的大小，分为大型项目、中型项目、小型项目三类；建设工程中的更新改造项目则设定投资限额，分为限额以上项目、限额以下项目两类。一般将基本建设项目中的大型和中型项目合称为大中型项目，其具体划分标准由国家统一规定，这项标准以总投资金额的大小来划分，例如能源、交通、原材料工业项目5 000万元以上，其他项目3 000万元以上的划定为大中型项目，在此标准以下的划定为小型项目。

计算总投资的方法，按照不同类型项目分别规定：新建项目的规模仅包括经批准的可行性研究报告中规定的建设规模，以完成项目全部设计规模（能力）或所需的投资（总概算）计算，不包括远景规划所设想的长远发展规模，如果项目分期设计、分期建设，则按照分期建设规模计算。扩建项目按扩建新增的设计能力或扩建所需投资（扩建总概算）计算，不包括扩建以前原有的生产能力。

（五）按项目用途划分

1．生产性项目

生产性项目能够直接创造经济效益，主要有：工业建设项目，包括工业、国防和能源建设项目；农业建设项目，包括农、林、牧、渔、水利建设项目；基础设施建设项目，包括交通、邮电、通信建设项目；地质普查、勘探建设项目等；商业建设项目，包括商业、饮食、仓储、综合技术服务事业的建设项目。

2．非生产性项目

非生产性项目用于满足人民物质和文化生活需要，主要有：办公用房，如国家各级党政机关、社会团体、企业管理机关的办公用房；居住建筑，如住宅、公寓、别墅等；公共建筑，如科学、教育、文化艺术、广播电视、卫生、博览、体育、社会福利事业、公共事业、咨询服务、宗教、金融、保险等建设工程。

（六）按建设工程行业划分

建设工程分为31个行业：建筑工程、市政工程、煤炭矿山工程、石油天然气工程、海洋石油工程、火电工程、水电工程、核工业（含核电）工程、建材工程、冶金工程、有色金属（含黄金）工程、石化工程、化工工程、医药工程、机械工程（以通用设备制造工程为例）、航天与航空工程、兵器与船舶工程、轻工工程、纺织工程、电子与通信工程、广播电影电视工程、铁路工程、公路工程、水利工程、水运工程、海洋工程、民航工程、农业工程、林业工程、粮食工程、商业与物资工程。

（七）按项目隶属关系划分

1．中央项目

中央项目由中央政府各部门主管，也称部直属项目，由中央政府各部门直接安排和管理。这类建设项目的基本建设计划，由中央各主管部门编制、报批和下达，所需建设资金、主要设备等由中央各主管部门直接管理，同时由中央各主管部门协调解决建设过程中发生的各种问题。

2．地方项目

地方项目由省、市、自治区和地（市）、县等各级地方政府直接安排和管理。这类项目的基本建设计划由各级地方主管部门编制、报批和下达，所需资金、主要设备由各级地方主管部门直接管理，同时由各级地方主管部门协调解决建设过程中发生的各种问题。

（八）按建设过程划分

1．筹建项目

筹建项目是指已经通过了项目的立项审批，处于建设工程的筹备阶段的项目。其筹备工作主要包括项目资金筹集、选址、规划、设计等施工前各项准备工作。

2．施工项目

施工项目是指已经完成工程的筹备工作，进入到具体实施阶段，处于建设过程中的项目。其主要工作包括工程施工、竣工验收等。

3．投产项目

投产项目指生产性项目完成工程施工并通过竣工验收，能够投入生产的项目，包括部分投产项目和全部投产项目。

4．收尾项目

收尾项目是建设工程主要建筑和设施已经建成，通过竣工验收能够投入使用，但还遗留少量尾工需继续建设的项目。

5．停缓建项目

停缓建项目主要是由于后续建设资金不足，或根据产业发展需要调整建设规模、建设方案等，在建设计划期内停止或暂缓建设的项目。

第二节　建设工程管理

一、建设程序

建设程序是建设工程从建设意向策划、项目评估、立项决策、工程设计、建设施工到竣工验收、投入生产或交付使用的整个建设过程中，各项工作必须遵循的先后次序。建设程序是建设工程必须遵循的客观规律，表明建设程序的各阶段存在内在联系。我们在建设过程中，要严格遵守建设工作先后次序这个客观规律，才能保证项目决策的科学性、工程实施的安全性，才能发挥建设成果的效益性。建设工程必须遵循的建设程序，是长久以来工程实践得出的客观结论。在我国建设工程管理历史中，曾经因为片面追求建设进度，节约融资成本，出现过许多忽视客观规律，盲目争抢时间，在没有完成上一步必要的建设程序的情况下即执行下一步建设程序的现象。最典型的就是所谓的"三边"工程，即边勘察、边设计、边施工的工程。这类工程在施工过程中，因地质勘察资料不详、设计图纸频繁变更等，反而增加了投资和延长了工期，真正是欲速则不达，违背初衷。还有的项目没有通过审批就开工建设，或者有的部门越权审批，有的项目没有通过竣工验收就投入使用，这类违背客观规律开展的建设工程，将面临极大的建设风险，容易出现建设资金不能落实、建设安全不能保证、建设投资失去控制、建设过程贪腐频发等问题，致使既定建设目标无法实现，投资者遭受重大损失，同时造成人力、物力、财力的极大浪费。

根据我国投资管理方式的要求，建设程序各管理环节，有的需要通过有关行政主管部门审批，有的不需审批。改革开放以来，我国一直非常重视对基本建设程序的管理。1978年4月22日，国家计划委员会、国家建设委员会、财政部联合发布了《关于试行加强基本建设管理几个规定的通知》（计基〔1978〕234号），该通知包含了5个具体的规定，其中的《关于基本建设程序的若干规定》指出"基本建设工作涉及的面广，内外协作配合的环节多，必须按计划、有步骤、有秩序地进行"，明确了建设程序中关键环节的工作内容与审批要求，包括编制计划任务书、选定建设地点、编制设计文件、建设准备、列入年度建设计划、组织施工、生产准备、竣工验收和交付生产使用等。国家通过对建设环节的审批达到对建设工程进行管理和控制的目的。

1984年8月18日，为了简化基本建设行政审批程序，国家计划委员会发布《关于简化基本建设项目审批手续的通知》（计资〔1984〕1684号），将国家审批的基本建设大中型项目审批程序，由五道手续简化为两道手续，即过去需要审批项目建议书、可行性研究报告、设计任务书、初步设计和开工报告，现仅审批项目建议书、设计任务书。

20世纪80年代以后，我国建设工程快速发展，建设工程领域出现了部分违反建设程序的现象，导致工程重复建设、资金浪费，并造成不良的社会影响。个别地区、部门和企业无视国家规定，越权审批项目，擅自对外签约，甚至自行开工建设国家已明确否决的项目，事后又要求国家予以确认、帮助解决项目建设中和建成后遇到的困难和问题。为了维护国家有关规定的严肃性，1999年7月29日，国家计委发布《国家计委关于重申严格执行基本建设程序和审批规定的通知》（计投资〔1999〕693号），提出严格执行基本建设程序，强调现行基本建设前期工作程序包括项目建议书、可行性研究报告、初步设计、开工报告等工作环节。只有在完成上一环节工作后方可转入下一环节。除国家特别批准外，各地方、部门和企业不得简化项目建设程序。这一期间，管理部门对建设程序监管也更加关注，2000年9月25日公布的《建设工程勘察设计管理条例》（国务院令第293号）规定，从事建设工程勘察、设计活动，应当坚持先勘察、后设计、再施工的原则。该规定是针对遵守建设程序的要求。

2004年7月16日，《国务院关于投资体制改革的决定》（国发〔2004〕20号）的颁布标志着对国家不同投资主体项目建设程序进行分类管理，提出改革项目审批制度，落实企业投资自主权。对于企业不使用政府投资建设的项目,由企业自主决策,自担风险,对企业投资项目区别不同情况实行核准制和备案制。国家投资主管部门负责制定并适时调整《政府核准的投资项目目录》,对目录内项目实行核准制,企业仅需向政府提交项目申请报告,不再执行审批项目建议书、可行性研究报告和开工报告的程序。对目录外项目,由企业按照属地原则向地方政府投资主管部门备案。

2019 年 7 月 1 日起施行的《政府投资条例》(国务院令第 712 号)加强对政府投资项目的建设程序管理,将政府投资纳入法治轨道,是深化投融资体制改革的结果。对使用财政预算资金,由政府采取直接投资方式、资本金注入方式投资的项目,项目单位应当编制项目建议书、可行性研究报告、初步设计报各级投资主管部门审批。

2016 年 1 月 1 日,为加强法治政府建设和推进简政放权、放管结合、优化服务的要求,有关部门废除了一系列不适应现阶段管理要求的规范化文件,依照国家发展改革委第 31 号令,《关于基本建设程序的若干规定》《关于简化基本建设项目审批手续的通知》等予以废止。当前对于建设程序的管理主要依照《政府投资条例》《国务院关于投资体制改革的决定》《国家计委关于重申严格执行基本建设程序和审批规定的通知》以及各地区的有关规定执行。

建设工程的实施过程包含诸多工作程序和内容,加强对建设程序的管理首先要对其进行合理归纳和划分。按照当前我国建设工程管理的要求,基本建设程序可以概括为 6 个阶段,即投资决策(立项)、工程设计、建设准备、建设实施、工程竣工和交付使用,每个阶段又包含不同的工作事项和内容(图 1.2)。各个阶段的部分环节和工作可以适当交叉,但不能任意颠倒。

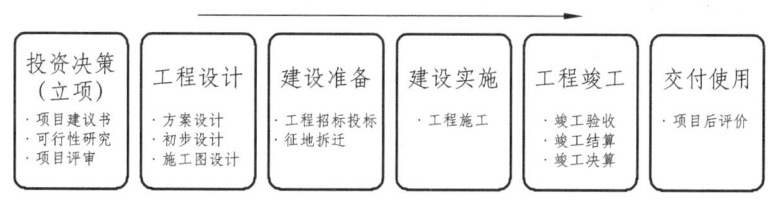

图 1.2 基本建设程序

(一)投资决策(立项)阶段

我国投资决策管理的改革方向是对不同投资主体的建设工程实行分类管理。根据有关规定,对政府投资项目仍然需要审批项目建议书、可行性研究报告和初步设计等。

1. 项目建议书阶段

建设工程在具有初步的建设意向之后,要编制项目建议书。项目建议书是建设工程的建议性文件,由拟建单位根据国民经济和社会发展的长远规划、行业规划、地区规划等要求,经过调查、预测、分析后编制。项目建议书的主要作用是提出设想,初步论证建设的必要性和可行性,提供建设工程的初步建设方案,以及在资金、进度方面作出安排,为项目决策部门提供参考。项目建议书经批准后,并不表明项目已经可以投资建设，还需要进行可行性研究工作。项目建议书是开展可行性研究的依据。

2．可行性研究阶段

可行性研究是项目决策程序的第二个阶段，该阶段对项目是否获得批准具有非常重要的作用。可行性研究报告通常由拟建单位委托符合资质条件的设计或咨询机构来编制。可行性研究的范围与项目建议书基本相同，但其研究内容更加深入细致，需要更多更翔实的基础数据，其重点在于定量研究，应具有足够的深度和准确性，所做的需求分析、建设方案的比选、投资估算、财务效益分析、国民经济效益分析、环境影响分析、不确定性分析等都需要在量化的基础上进行。可行性研究同样要回答建设的必要性和可行性问题，是建设工程最终决策、设计文件编制、资金筹集、对外合作与谈判、环境部门审查等一系列后续工作的重要依据。

3．项目评估和评议

政府投资建设工程一般都需要经过评估，目的是推行科学决策和民主决策，加强投资管理和提高投资效益。项目评估通过审查和评价可行性研究报告，推荐投资效果最好的项目，或提出用最少的投资来取得最大的经济和社会效益的项目，为决策部门提供建议。项目评估由项目隶属的政府部门（国家发展改革委）、项目主管单位、贷款银行等有权机构，或由上级部门委托符合资质要求的咨询中介机构评估论证，对经济社会发展、社会公众利益有重大影响或者投资规模较大的项目还应实行专家评议、风险评估和公众参与制度，邀请若干专家组成专家委员会，出具专家组评审意见或编制项目评估报告。项目评估和评议可以优化建设方案，落实资金筹措办法和渠道，促进项目决策科学化，避免重复建设和盲目建设，为项目实施创造条件，为项目立项提供依据。

（二）工程设计阶段

依据《建设工程勘察设计管理条例》《建筑工程设计文件编制深度规定》等相关规定，工程设计阶段分为方案设计、初步设计和施工图设计三个阶段。

1．方案设计

方案设计也称为概念设计。方案设计是最具创造力的设计环节，设计成果全面展现设计者的创作想象力和灵感。由于设计技术和制图软件的进步，现今方案设计的效果图可提供越来越逼真的设计图形。方案设计深度应当满足编制初步设计文件和控制概算的需要，其内容总体有三个部分：一是设计说明书，包括各专业设计说明以及投资估算等内容，对于涉及建筑节能、环保、绿色建筑、人防等设计的专业，其设计说明还应有相应的专门内容；二是总平面图以及相关建筑设计图纸（若为城市区域供热或区域燃气调压站，应提供热能动力专业的设计图纸）；三是设计委托或设计合同中规定的透视图、鸟瞰图、模型等。

2．初步设计

初步设计是在方案设计基础上的细化，其内容依据项目的类型不同而有所变化。一般来说，与施工图设计相比，它仍然是一种宏观和粗略的设计，内容包括项目的总体设计、布局设计、主要的工艺流程、设备的选型和安装设计、设计概算等。初步设计文件应当满足编制施工招标文件、主要设备材料订货和编制施工图设计文件的需要，是下一阶段施工图设计的基础。

3．施工图设计

施工图设计用于指导工程施工，是组织建设工程招投标、签订合同、工程施工以及竣工验收的重要依据。施工图设计在批准的初步设计基础上编制，是初步设计进一步的细化，其设计深度既要满足工程施工、设备安装以及编制施工图预算的要求，还要满足建筑材料、构配件及标准设备的采购和非标准设备的加工、制作等要求。根据施工图设计编制的施工图预算，是建设过程中重要的经济文件。根据规定，设计单位必须严格按照批准的初步设计和总体概算进行施工图设计，对重要的单项工程和单位工程还应编制施工图修正概算，据以考核施工图预算是否突破相应的工程概算。

（三）建设准备阶段

1．预备项目

对于政府投资建设项目，初步设计获批准后，该类项目即被列为预备项目，由投资主管部门根据计划要求的建设进度和工作实际情况，确定建设项目筹建单位，国有单位经营性大中型建设工程应组建项目法人。建设项目筹建单位通常应采用招标方式选定专业化的项目管理单位负责建设实施。

2．编制政府投资年度计划

预备项目应编制政府投资年度计划，内容包括项目名称、建设内容及规模、建设工期、项目总投资、年度投资额及资金来源等事项。政府年度投资计划的编制主体为国务院投资主管部门、其他有关部门以及县级以上地方人民政府有关部门，分别编制其管辖范围内政府投资年度计划。投资年度计划内容要与本级预算相衔接。

3．建设前期准备工作

建设项目筹建单位或项目法人负责建设前期准备工作。其主要内容包括：征地、拆迁和场地平整；完成施工用水、电、路等工程；组织设备、材料订货；准备必要的施工图纸；组织施工、设备和材料招标投标，择优选定施工单位、设备和材料供货单位；建设项目筹建单位或项目法人按规定进行建设准备，在建设工程具备开工条件以后准备开工，开工建设之前，需向主管部门报批开工报告。

（四）建设实施阶段

建设工程经批准开工建设，项目便进入了建设实施阶段。建设实施阶段是建设程序的关键环节，要将建设工程从蓝图变成现实，涉及诸多参与主体，包括政府有关建设管理部门（投资、建设、规划、国土资源、质检、环保、消防等等）、财政部门（使用预算资金的项目）、融资单位（银行、信托等金融机构、民间资本）、建设单位（也称业主、甲方，即前期的项目筹建单位或项目法人）、施工单位（也称承包人、乙方）、设计单位（负责施工期间的设计配合）、中介单位（监理公司、造价咨询公司、招投标代理公司等）、设备材料供应单位等等。在这个阶段中，建设单位是主导和核心，需要统筹协调建设参与各方的关系，负责对工程进行投资、质量、进度、施工安全、建设信息管理，并最终对建设工程的投资效益、工程质量、建设期间和建成后的环保负责。

（五）工程竣工阶段

工程竣工阶段的主要工作是完成竣工验收、办理竣工结算、进行生产准备和试车、办理竣工决算等。竣工验收是全面考核建设成果、检验设计和工程质量的重要步骤，也是建设工程能够投入使用或开展生产的标志。竣工验收，应检验工程质量是否符合国家规定的建设质量标准，是否达到设计要求的各项技术经济指标，并满足正常使用或生产的要求；同时项目参与各方可以总结建设过程中的经验教训，为将来的建设工程积累经验。

按国家现行规定，建设项目的竣工验收程序根据项目规模的大小和复杂程度可分为工程预验收（也称初步验收）和竣工验收两个阶段进行。规模较大、较复杂的建设工程项目应先进行工程预验收，然后再进行全部建设工程项目的竣工验收。规模较小、较简单的工程项目，可以一次进行全部工程项目的竣工验收。工程预验收由监理单位组织各施工单位（总、分包）进行，验收结束后由监理单位提出工程整改要求，施工单位负责完成工程整改。建设工程全部完成后，由施工单位向建设单位提出竣工验收申请报告，由建设单位组织建设单位、施工单位、监理单位、勘察设计单位等代表组成验收工作小组，在政府质量监督站的监督下，完成验收工作。竣工验收合格后，施工单位应及时办理工程移交，由建设单位接管工程并投入使用。未通过验收的工程，建设单位不能擅自使用，否则导致的质量安全问题由建设单位负责；凡符合竣工条件而不及时办理竣工验收的建设工程，其一切费用的账务处理不能再从投资中支出。

建设项目竣工后，依据国家有关规定，对于生产性建设项目而言，还要进行生产准备和试车。对于重要建设工程，生产准备和试车的准备工作从可行性研究报告批复以后开始，并贯穿整个建设过程。建设单位应编制生产准备和试车计划，其内容应涵盖组织、人员、物资、技术、资金、营销、外部条件等各方面的准备工作。建设项目生产准备是项目投产前建设单位进行的一项重要工作，是衔接建设和生产的桥梁，是由建设阶段转入生产经营的必要条件，一般包括生产组织准备、招收和培训人员、生产组织准备、生产技术准备、生产物质准备等。建设项目需要试运行（包括生产、使用)的,应当在正式投入生产或者使用前进行试运行,除国家有关部门有规定或者特殊要求的行业外,试运行时间应当不少于 30 日,最长不得超过 180 日。

(六)交付使用阶段

建设项目交付使用后,需要对项目进行后评价。建设项目后评价是工程项目竣工投产、生产运营一段时间后,对项目的立项决策、设计施工、竣工投产、生产运营等全过程进行系统评价的一种技术活动,是固定资产管理的一项重要内容,也是固定资产投资管理的最后一个环节。这一阶段主要是全面总结项目建设投资管理中成功或失误的经验教训,为以后的项目决策提供现实依据;同时,也可为决策和建设中的各种失误找出原因,明确责任;还可对项目投入生产或使用后存在的问题,提出解决办法,弥补项目决策和建设中的缺陷。

二、建设工程管理的发展

建设工程管理是从建设项目开始直至完成,通过项目策划和项目控制,以使项目的投资、进度、质量和安全目标得以实现的管理活动。建设工程实施过程中,参与项目建设的各方为了实现各自的建设目标,都需要对项目实施管理,如建设单位项目管理、设计单位项目管理、施工单位项目管理等等。其中:建设单位项目管理是核心,建设单位是建设工程实施过程的总集成者,也是建设工程生产过程的总组织者,在建设工程项目管理中起到统领全局的作用;施工单位项目管理是关键,施工单位是建设工程的直接实施者,是实现建设目标的关键因素;其他参与各方的项目管理是保证,设计单位、政府主管部门、金融机构、中介机构等的项目管理为建设工程的顺利实施提供各种支持。我国建设工程项目管理经历了以下几个发展阶段。

(一)建设单位自营阶段

中华人民共和国成立初期,我国经济基础起点低,在工程设计、施工管理方面的力量都非常分散和薄弱。这一期间,项目建设多由建设单位自行组织设计人员、施工管理人员和工人,自行购置施工机械、建设机具和建筑材料完成,实际是由建设单位包揽了全部项目建设过程。

(二)政府统筹下以建设单位为主的管理阶段

1953 年至 1965 年期间,我国建设工程管理模式开展学习苏联模式:政府主管部门根据项目建设需要组建建设单位,由建设单位负责项目建设过程的管理;设计单位和施工单位则由各自的政府主管部门负责管理,包括向其下达建设任务,协调和解决工程建设过程中的技术、经济问题。这一期间的管理特点是,以建设单位自行项目管理为主,同时政府主管部门在建设工程中发挥了重要的管理、监督和协调作用。

(三) 工程指挥部模式阶段

自 1965 年至 1984 年，我国大中型建设工程管理主要是工程指挥部模式，即根据建设项目需要，由项目主管部门从本行业、本地区管辖的单位中抽调人员，组建工程建设指挥部。指挥部成员来自地方党委、政府、主管部门、建设单位、设计单位和施工单位，大型项目在指挥部之上设领导小组，成员由中央部门和地方主要领导组成，少数特大型项目由国务院派出代表与各有关部门、各有关地方的主要领导共同组成。工程指挥部具有显著的优势和不足：一方面，工程指挥部负责建设期间的设计、采购和施工管理工作，由于成员中有党委和政府领导，指挥部具有很高的权威性和很强的行政执行能力，在组织协调各方关系完成建设工程方面具有较高的效率，这种管理模式在我国工程建设史上发挥了巨大的作用；另一方面，工程指挥部是临时机构，工程建成后移交生产管理主管部门，指挥部解散，工程使用或运营期间发现的问题没有办法追究责任主体，此外，工程指挥部模式以行政体制来管理经济活动，强调行政权力，忽视了建设参与主体的权利和责任。

(四) 与国际通行项目管理模式接轨阶段

1978 年 12 月召开的党的十一届三中全会，提出改革开放的措施，标志着我国进入社会主义现代化建设的历史时期。1992 年，中共十二大明确提出经济体制改革的目标，即建立社会主义市场经济体制，我国建设工程管理体制也进入了改革的快车道。这一期间，我国建设工程管理模式广泛学习国际通行的项目管理模式，逐步建立了与国际接轨的建设管理模式，全面提高了我国建设工程管理水平，也为我国建设工程管理引进来、走出去奠定了基础。自 20 世纪 80 年代初开始，工程建设领域开始推行工程总承包和项目管理模式，当时的国家计划委员会、建设部、财政部等有关部门，出台了一系列指导文件、规定和办法。1984 年 9 月，国务院出台《关于改革建筑业和基本建设管理体制若干问题的暂行规定》(国发〔1984〕123 号)，规定要求组建具有法人地位、独立经营、自负盈亏的工程承包公司，要对"项目建设的可行性研究、勘察设计、设备选购、材料订货、工程施工、生产准备直到竣工投产实行全过程的总承包或部分承包"；同年 11 月，国家计划委员会出台《关于工程设计改革的几点意见》(国发〔1984〕157 号)；12 月，国家计划委员会、建设部联合印发《工程承包公司暂行办法》(计设〔1984〕2301 号)。随着各种管理文件规范的出台，工程承包模式在我国得到了长足发展。经过 30 多年的发展，我国建设工程管理已经呈现多种模式并存的局面。

三、几种典型的建设工程管理模式

(一) 传统项目管理模式

传统的项目管理模式，即 DBB 模式 (设计 Design—招标 Bid—建造 Build)，由建设单位将设计、施工分别委托给不同单位承担。建设单位首先委托咨询单位进行前期可行性研究，待项目评估立项后委托设计单位进行设计工作，之后再选择施工单位完成施工。DBB 模式的优点是：建设单位与设计单位、施工单位分别签订合同，三方在各自合同的约定下，行使自己的权利和履行义务，建设单位直接联系设计单位、施工单位，能够直接把控项目建设的各个方面。该模式的缺点是：对建设单位管理人员的要求比较高，项目管理团队需要各个专业的管理人员，建设单位需要协调设计与施工单位，协调工作量大，难度较大，如果出现工程索赔，责任界定比较困难，此外建设单位投入管理人员多，管理费用较高。

（二）工程总承包项目管理模式

工程总承包和工程项目管理是国际通行的建设工程组织实施方式。2016 年 5 月 20 日住房和城乡建设部出台《关于进一步推进工程总承包发展的若干意见》（建市〔2016〕93 号），提出大力推进工程总承包。工程总承包模式是通过工程招投标选定工程总承包的企业，中标的总承包企业与建设单位签订合同，依照合同对工程建设的设计、采购、施工等实行全过程的承包，并对工程的质量、安全、工期和造价等全面负责的承包方式。工程总承包一般采用设计—采购—施工总承包或者设计—施工总承包模式。建设单位也可以根据项目特点和实际需要，按照风险合理分担原则和承包工作内容采用其他工程总承包模式。

1．EPC（设计 Engineering—采购 Procurement—施工 Construction）模式

EPC 总承包指工程总承包企业按照合同约定，承担工程项目的设计、采购、施工、试运行服务等工作，并对承包工程的质量、安全、工期、造价全面负责。交钥匙总承包是 EPC 总承包业务和责任的延伸，由总承包企业最终向业主提交一个满足使用功能、具备使用条件的工程项目。EPC 模式主要适用于设备专业性强、技术性复杂的工程项目，国际咨询工程师联合会（FIDIC）《设计采购施工（EPC）/交钥匙工程合同条件》前言中推荐适用于此类合同条件的工程："可适用于以交钥匙方式提供加工或动力设备、工厂或类似设施或基础设施工程或其他类型开发项目"。

2．DB（设计 Design—施工总承包 Build）模式

DB 模式是指工程总承包企业按照合同约定，承担工程项目的设计和施工，并对承包工程的质量、安全、工期、造价全面负责的模式。DB 模式也是国际工程中常用的现代项目管理模式。根据工程项目的规模、类型和业主要求不同，工程总承包还可采用设计—采购总承包（E-P）、采购—施工总承包（P-C）等方式。

（三）专业机构项目管理模式

专业机构项目管理模式是指专门从事建设工程项目管理的企业受业主委托，按照

合同约定，代表业主对工程项目的组织实施进行全过程或若干阶段的管理和服务的模式。工程项目管理企业并不直接与该工程项目的总承包企业或勘察、设计、供货、施工等企业签订合同，而是按合同约定，协助业主与工程项目的总承包企业或勘察、设计、供货、施工等企业签订合同，并受业主委托监督合同的履行。工程项目管理企业应当具有工程勘察、设计、施工、监理、造价咨询、招标代理等一项或多项资质。专业机构项目管理模式又有以下几种类型。

1．PM（项目管理服务，Project Management）模式

项目管理服务是工程项目管理企业按照合同约定，在工程项目决策阶段，为业主编制可行性研究报告，进行可行性分析和项目策划；在工程项目实施阶段，为业主提供招标代理、设计管理、采购管理、施工管理和试运行（竣工验收）等服务，代表业主对工程项目进行质量、安全、进度、费用、合同、信息等管理和控制，并按照合同约定承担相应的管理责任。

2．PMC（项目管理承包，Project Management Contracting）模式

项目管理承包是指工程项目管理企业按照合同约定，除完成项目管理服务（PM）的全部工作内容外，还可以负责完成合同约定的工程初步设计等工作，但需具备相应的设计资质。项目管理承包企业一般应当按照合同约定承担一定的管理风险和经济责任。

3．CM（建筑经理，Construction Manager）模式

建筑经理模式是指由业主委托的项目负责人（CM经理）与设计单位、咨询工程师组成一个联合小组，共同负责组织和管理工程的规划、设计和施工，由业主直接与承包人签订施工承包合同等相关合同的模式。

4．代建制模式

国外的代建制起源于CM模式，指投资方经过规定的程序，委托相应资质的工程管理公司或具备相应工程管理能力的其他企业，代理投资人组织和管理建设工程。在我国，《国务院关于投资体制改革的决定》（国发〔2004〕20号）提出对非经营性政府投资项目加快推行"代建制"。代建制是取代工程指挥部模式的一种政府投资项目管理模式，由政府通过招标选择专业化的项目管理单位作为代建单位，签订代建合同，由代建单位负责项目的投资管理和建设组织实施工作，项目建成后交付使用单位。代建合同的标的是管理服务，代建范围一般包括施工、设计甚至可行性研究。代建期间，代建单位按照合同约定代行项目建设的投资主体职责，除重大决策外，一般的管理工作和项目决策均由代建方进行，工程项目业主仅派少量人员在工程现场，收集工程建设信息、对工程项目的实施进行跟踪和监督。

目前代建制的运作模式主要有两种。一是"代建合同"模式。这种模式根据合同

主体的不同，又衍化为三种模式：在上海、广州、海南等地试点的"委托代理合同"，由代建单位与项目业主签订；在重庆、宁波、厦门和贵州等地试点的"指定代理合同"，由代建单位与项目使用单位签订；在北京、武汉、浙江等地试点的"三方代建合同"，由项目业主、使用单位、代建单位三方签订。各种模式各有利弊，但都是由代建单位代行项目业主的职能，依据国家有关法律、法规，办理有关审批手续，自主选择工程服务商和承包人。项目建成后协助委托人组织项目验收。二是管理机构模式。这种模式的实现方式是成立政府投资项目建设管理机构，代表政府全权负责公益性项目的建设实施，建成后移交使用单位，如深圳市借鉴香港地区做法成立公务局，作为负责政府投资的市政工程和其他重要公共工程建设专门管理机构，代表政府行使业主职能。

（四）民间融资项目管理运营模式

公共基础设施为公民提供道路交通、环境卫生、能源供给等基本生活服务条件，是保证公民生活质量的重要因素，其建设水平反映国家社会经济运行水平，因此世界各国均注重公共基础设施的建设。但公共基础设施建设投入大、建设周期长、资金回收比较慢，全部依靠政府投资很难满足要求，为此各国政府都在寻求利用民间资本参与公共基础设施建设，并将建设投资与运营回收结合起来，吸引和鼓励民间资本参与建设的方法。目前，民间融资项目管理运营模式主要有以下几种。

1．BOT（建设 Build—运营 Operate—移交 Transfer）模式

BOT 模式是解决政府资金不足的一种管理模式，是政府为了向社会提供公共服务，允许外国公司和私营企业参与基础设施建设，同时制定优惠政策以吸引外国公司和私营企业参与的一种方式。BOT 模式强调"民间投资、用者偿还"，政府无须投入财政资金就可向公众提供服务，使政府无须负债，但政府要提出免税奖励计划以吸引民间投资。BOT 模式针对公共基础设施或自然资源开发项目，由政府部门与外国公司或私营企业签订特许权协议，授权该外国公司或私营企业承担项目的投资、融资、建设和维护，在协议规定的特许期限内，投资主体拥有公共基础设施或资源开发项目的经营权，有权向用户收取费用或出售产品，据以回收投资，清偿贷款和赚取利润。政府对建设项目拥有监督权和调控权，特许期届满，外国公司或私营企业将该项目无偿或有偿移交给政府部门。目前，许多国家在研究和采用 BOT 方式。各国在 BOT 方式实践基础上，引申发展出多种方式，如 BOOT 模式（建造—拥有—运营—移交）、BOO 模式（建造—拥有—运营）、BLT 模式（建造—租赁—移交）、BT 模式（建造—移交）等，这些模式均归属于广义的 BOT 模式。

2．PFI（民间主动融资，Private Finance Initiative）模式

PFI 模式由英国政府于 1992 年提出，指"民间主动融资"，是在 BOT 项目融资基础上优化发展起来的一种融资模式，主要用于公共基础设施投资、建设和运营管理。PFI 模式由政府部门根据社会经济发展和公民生活需要，提出公共基础设施建设需求，

通过招投标方式选定私营企业，授予私营企业项目建设和运营特许权，运营特许期通常为30年左右，在特许期结束时，私营企业将项目完好地归还政府。在PFI模式中，私营企业通过向政府部门或公共基础设施使用者收费，用以回收成本和取得利润。

PFI模式与BOT模式相比，投资主体更为单一，PFI项目的参与主体仅为国内私营企业，不包括外国公司。PFI模式的私营企业本身并不具有开发能力，因而在建设中全面采用代理制度，所有的设计、建造、运营均依靠专业机构完成；与之相比，BOT公司能够自行完成部分开发工作，仅将部分工作委托给专业机构。在项目管理方式上，PFI更为开放和灵活，项目建设方案、土地提供方式等不会像BOT那样由政府事先确定，而是由政府与私营企业在谈判中确定。PFI模式合同可以约定，特许期届满，如果私营企业没有达到合同规定的收益，可以继续拥有或通过续租的方式获得运营权；而BOT模式则不具有这种灵活性，特许期满，项目将无偿移交政府。

3. PPP（政府和社会资本合作，Public-Private Partnership）模式

PPP模式在国际上应用非常广泛，是一种新型的政府与私人合作建设城市基础设施的形式。PPP模式由政府通过招标方式选择具有投资、运营管理能力的社会资本，双方订立特许合同，确立伙伴式的合作关系，由社会资本提供公共资产和服务，政府依据公共资产和服务绩效评价结果向社会资本支付对价。各国PPP模式特色各异，种类繁多，其共同点在于利益共享、风险共担和全程合作。

关于PPP的定义，世界银行《PPP指南》（第2版）(*PPP Reference Guide* Version 2.0) 指出：公私合营伙伴是由私营部门同政府部门之间达成长期合同，提供公共资产和服务，由私营部门承担主要风险和管理责任，私营部门根据绩效（Performance）情况得到酬劳（Remuneration）。我国财政部于2014年9月23日出台《关于推广运用政府和社会资本合作模式有关问题的通知》（财金〔2014〕76号），该文件中关于PPP的定义为：政府和社会资本合作模式是在基础设施及公共服务领域建立的一种长期合作关系，通常由社会资本承担设计、建设、运营、维护基础设施的大部分工作，并通过"使用者付费"及必要的"政府付费"获得合理投资回报；政府部门负责基础设施及公共服务价格和质量监管，以保证公共利益最大化。由于各国PPP实践存在很大差异，并不能给其进行确切的定义，德国学者Norbert Portz认为PPP的确切含义要根据不同的案例来确定。

PPP项目运行模式很多，可以大体划分为外包、特许经营和私有化三大类。外包类项目由政府投资，私营企业仅提供建设、运营、维护中的一项或几项工作，通过向政府收取费用实现收益，私营企业不直接投资，仅承担很小的项目风险。特许经营类项目由私营企业承担大部分或全部投资，并取得项目一定时期的特许经营权，政府与私营企业需要设定合作机制以分担风险、共享收益。特许经营期结束，私营企业将项目的使用权或所有权移交给政府。私有化类项目由私营企业负责承担全部投资，在政府的监管下，私营企业通过向用户收费收回投资和赚取利润。私有化类项目的所有权永久归私营企业，这类PPP项目中企业营业承担的风险最大。

在公共基础设施建设的融资行为中引入社会资本，实质是将公共基础设施建设市场化。这种运行模式相较传统建设模式具有很多优势，包括：有利于提高建设效率和降低工程造价，减轻政府财政负担；投资主体的多元化促进了融资体制改革，合作各方共担风险，提高了项目融资的成功率；政府使用社会资本的同时，并没有丧失对项目的控制权，能够有效转变政府职能，合作各方优势互补，提高公共服务质量。当前PPP模式的运行也存在一些难点问题，例如：政府选择合格的社会资本具有一定难度；项目组织模式比较复杂，参与各方都需要较高的项目管理水平才能进行有效的管理和协调；在项目运行中合理平衡建设风险、合理划分投资收益也是一个难题。

四、建设工程管理制度

建设工程管理制度是在工程建设中，为了规范建设参与主体及其建设行为，实施的各项管理制度的总和。当前我国工程管理的制度主要有：项目法人责任制、工程建设监理制、招标投标制、合同管理制和项目资本金制。

（一）项目法人责任制

项目法人责任制是指在建设工程活动中设立项目法人，项目法人以其独立的法律地位对外承担责任，对项目建设全过程以及建成后的生产经营、偿还债务和国有资产的保值增值负责。项目法人可以是有限责任公司（包括国有独资公司）和股份有限公司。实行项目法人责任制是为了建立国有资产投资的责任约束机制，使投资主体明确责、权、利，提高国有资金的投资效益。我国自1996年起实行项目法人责任制。国家计划委员会于1996年1月依据《合同法》制定颁发了《关于实行建设项目法人责任制的暂行规定》，要求：国有单位经营性大中型建设工程必须在建设阶段组建项目法人；新上项目在项目建议书批准后，应及时组建项目法人筹备组；在申报项目可行性研究报告时，必须同时提出项目法人的组建方案；项目可行性研究报告经批准后，应正式成立项目法人，同时办理公司设立登记。项目法人责任制所规定的法人组织机构的各项职责，均与《公司法》具有密切联系。建立项目法人责任制的核心目的是由项目法人承担投资风险，项目法人要对工程项目的建设及建成后的生产经营实行一条龙管理和全面负责。

（二）建设工程监理制

建设工程监理是国际工程建设惯例，实行建设工程监理制是为了解决投资主体在建设工程方面缺乏专业能力的问题，由专业化的社会监理单位为投资主体提供建设管理服务，目的是确保工程建设质量和安全，提高工程建设水平，充分发挥投资效益。我国自1989年起实行建设工程监理制度。建设部于1989年7月28日发布并施行《建设监理试行规定》（建建字〔1989〕第367号），表明建设监理制度在我国正式建立；

1995年12月15日，建设部和国家计划委员会又印发《工程建设监理规定》（建监〔1995〕第737号），同时废止1987年的试行规定，进一步完善了工程建设监理的管理要求。建设工程监理是社会化的监理单位接受建设单位委托，根据国家批准的工程项目建设文件、有关工程建设的法律法规和工程建设监理合同及其他工程建设合同，对建设工程质量、造价、进度进行控制，对合同、信息进行管理，协调工程建设相关方的关系，并履行建设工程安全生产管理法定职责的一种专业化服务活动。监理单位与建设单位之间是委托与被委托的合同关系，与被监理单位是监理与被监理的关系。

《建筑法》规定："国家推行建筑工程监理制度。""建筑工程监理应当依据法律、行政法规及有关的技术标准、设计文件和建筑工程承包合同，对承包单位在施工质量、建设工期和建设资金使用等方面，代表建设单位实施监督。"《建设工程质量管理条例》规定必须实行监理的建设工程范围是：国家重点建设工程；大中型公用事业工程；成片开发建设的住宅小区工程；利用外国政府或者国际组织贷款、援助资金的工程；国家规定必须实行监理的其他工程。

建设工程监理制度在实行过程中也出现了许多问题，例如监理人员素质不高、监理单位承揽业务不规范、挂靠资质、监理收费过低等。当前，以国家行政权力并不能有效保证建设监理行业的健康发展。为了推进建设工程监理回归市场，减少行政干预，2014年3月13日，深圳市在《深圳特区报》等媒体对外发布信息称"深圳开展非强制监理改革试点，首先是社会工程全部取消强制监理，并将非强制监理范围逐步扩大至政府工程"，表明将逐步试点取消强制监理。2018年，上海、北京的住房和城乡建设委员会在相关规范性文件中，均提出在部分项目中，取消强制监理，鼓励建设单位选择全过程工程咨询服务、建设单位自行管理等创新管理模式。建设工程监理制度在我国究竟会向哪种模式发展值得关注。

（三）招标投标制

工程建设领域存在诸多采购行为，如施工单位的确定、设备材料的采购、工程设计、监理和造价咨询等服务采购，这些采购活动如果没有公平竞争的环境，极易出现权力寻租、贿赂等违法现象，扰乱建设市场，违背诚实守信的原则，使人们对社会公平丧失信心，给经济建设和社会发展带来极大危害。在采购中实行招标投标制，是国际通行的做法，其根本原则是使采购方能够获得质优价廉的工程和服务，为供给方提供公平竞争的环境。

建设工程实施招标投标制，由建设单位事先提出货物、工程或服务采购的条件和要求，由货物、工程或服务采购的供给单位提出报价，在政府有关部门的监督下，按照规定的程序，选定供给单位。我国自2000年1月1日起施行《招标投标法》，2003年1月1日起施行《政府采购法》，这是规范我国境内招标采购活动的两大基本法律。在总结我国招标采购实践经验和借鉴国际经验的基础上，《招标投标法实施条例》和《政府采购法实施条例》作为《招标投标法》和《政府采购法》两大法律的配套行政法规，对招标投标制度做了补充、细化和完善，进一步健全和完善了我国招标投标制度。招标投标是市场交易行为，招标人和投标人应严格遵守法律法规的规定，除上述4部法律法规以外，《刑法》对违背招标投标规定的行为也有明确的处罚规定。

（四）合同管理制

建设工程的参与主体很多，相互之间的权利义务要依靠合同来约束，合同管理是建设工程管理的一项重要内容。合同管理就是要制定建设工程中各类合同的谈判、内部审批、签订、履行、变更、解除、纠纷处理、分类归档等的规则和流程，以规范的管理流程和平等、严密的合同条款，保证当事人经济活动的顺利开展和经济目标的实现。合同管理制度以《合同法》为基础，我国自1999年10月1日起施行《合同法》。《合同法》是调整平等主体之间交易关系的法律，规定了合同订立、效力以及合同的履行、变更、解除、保全、违约责任等问题。建设工程的各项活动都要签订书面合同，这些活动包括工程勘察、设计、施工，各类材料设备采购，各类咨询服务，等等。为了确保合同的顺利履行，我国相关部门制定了各类合同推荐性的示范文本，供当事人参考使用。从实践来看，我国推荐合同示范文本的完整性和严密性，与FIDIC合同条件还存在一定差距，因此在合同履行过程中，因合同条款不够严密造成的纠纷和争议还比较多。

建设工程活动实施合同管理制，是我国经济体制改革的重要内容。以法律、法规和经济手段调节和管理建设市场，改变政府以行政手段管理市场的现象，有利于转变政府职能，使民事主体明确各自的权利和应该承担的法律义务和责任，能够起到规范建设主体行为的积极作用，对整顿我国建筑市场起到了促进作用。合同管理制度也是国际工程建设的惯例，是我国建设工程管理与国际接轨，使我国建筑行业适应国际规则的重要制度保证。

（五）项目资本金制

项目资金本是项目的非债务性资金，即项目法人的自有资金。项目资本金制度要求项目法人在建设工程投资当中，必须拥有一定比例的自有资金。资本金可以用货币出资，也可以用实物、工业产权、非专利技术、土地使用权作价出资。实行项目资本金制，是深化投资体制改革，建立投资风险约束机制的要求，是改变项目法人"空手套白狼"的制度保证。在本项制度实施之前，投资人一方面依靠银行贷款等债务性资金，另一方面要求施工单位垫资施工，房地产项目依靠项目预售来获取资金，投资人在项目中的自有投入很少或者没有，使其承担的风险与所获的利益不对等。实行项目资本制能够有效遏制项目法人的投资冲动，避免其盲目扩大投资规模。

我国自1996年开始实行项目资本金制度。1996年8月23日，国务院发布了《关于固定资产投资项目试行资本金制度的通知》（国发〔1996〕35号），该通知规定，从1996年开始，对各种经营性投资项目，包括国有单位的基本建设、技术改造、房地产开发项目和集体投资项目试行资本金制度，投资的项目必须首先落实资本金才能进行建设。2015 年 9 月 14 日，国务院下发《国务院关于调整和完善固定资产投资项目资本金制度的通知》（国发〔2015〕51 号），对项目资本金比例进行了调整，对城市轨道交通、铁路、公路、机场、港口、沿海及内河航运等城市和交通基础设施项目，除保障性住房和普通商品住房以外的房地产开发项目等下调 5%，由 25% 调整为 20%，玉米深加工项目下调 10%，由 30% 调整为 20%。

第三节　建设工程审计概述

一、建设工程审计关键词

（一）建设工程审计

建设工程审计是指由独立的审计机构和审计人员，依据党和国家在一定时期颁发的方针政策、法律法规和相关的技术经济标准，运用审计技术对建设项目建设全过程或部分阶段的技术经济活动以及与之相联系的各项工作进行的监督、评价和鉴证。建设工程审计融审计、工程技术、经济、管理和法律为一体，具有较强的专业性和综合性，其内容从建设工程项目财务报表审计、工程造价审计，扩展到建设工程管理审计、投资绩效审计等多个方面。

（二）审计主体

建设工程审计主体包括国家（政府）审计机关、企事业单位内部审计机构、社会审计组织。国家（政府）审计机关包括审计署、县级以上政府的审计机关，如审计厅、审计局等；企事业单位内部审计机构主要是指企事业单位内设的审计部门、科室以及公司制企业董事会下设的审计委员会；社会审计组织是指会计师事务所、审计事务所、工程造价咨询公司等。

（三）审计客体

建设工程审计的客体比较复杂，既包括建设活动过程，也包括参与建设活动的单位和人员。从审计内容的角度看，建设工程审计的客体是指项目建设全过程或部分阶段的技术经济活动内容，包括投资决策、工程设计、建设准备、建设实施、工程竣工和交付使用各阶段的所有工作。

从审计对象的角度看，建设工程审计的客体主要是指建设项目的主管部门、国家或各地方的政府机关、建设单位、设计单位、施工单位、金融机构、监理单位以及参与项目建设与管理的其他部门或单位。但也有观点认为应当只以建设单位作为审计客体，本书支持将所有相关单位作为审计客体的观点。

(四)审计范围

国家(政府)审计机关重点审计以国家投资或融资为主的基础性项目和公益性项目。《审计法》第二十二条规定：审计机关对政府投资和以政府投资为主的建设项目的预算执行情况和决算，进行审计监督。《审计法实施条例》第二十条规定：审计法第二十二条所称政府投资和以政府投资为主的建设项目，包括：

(1)全部使用预算内投资资金、专项建设基金、政府举借债务筹措的资金等财政资金的建设项目。

(2)未全部使用财政资金，财政资金占项目总投资的比例超过50%，或者占项目总投资的比例在50%以下，但政府拥有项目建设、运营实际控制权的建设项目。

社会审计组织接受国家审计机关或其他单位的委托，对委托审计的项目实施审计。在我国的审计实务中，社会审计组织接受建设单位委托实施审计的项目大多为以企业投资为主的竞争性项目，接受政府审计机关委托进行审计的项目大多为基础性项目或公益性项目。

企事业单位内部审计机构重点审计在本单位或本系统内投资建设的所有建设项目。

(五)审计目标

建设工程审计的目标是对工程建设活动的真实性、合法合规性和绩效性进行审计监督和评价，形成审计意见，提出改进建议。审计工作可督促建设单位规范内部管理，促进工程建设活动参与各方合法合规行使权利和履行义务，最终为实现建设工程的投资目标、质量目标、工期目标和安全目标提供合理保障。建设工程审计目标在不同发展阶段有不同的侧重点：初始阶段侧重于真实性和正确性审计，重点关注各类证据资料是否如实、正确地反映建设工程中的各项技术经济活动；发展到中期侧重于合法性和合规性审计，重点关注被审计单位及建设参与各方的行为是否合法合规，防止违法、违规和违纪行为的发生；最终目标侧重于合理性和绩效性审计，关注建设活动和建设成果是否合理，评价其经济性、效率性、效果性、公平性和环境性。

(六)审计依据

1．方针政策

审计的方法政策依据指国家宏观调控政策、产业政策、一定时期的发展规划等。

2．法律、法规、规章、司法解释

(1)法律由全国人民代表大会及其常委会制定，包括《宪法》《审计法》《建筑法》《招标投标法》《合同法》《预算法》《政府采购法》《税法》《土地法》等。

(2)法规包括行政法规和地方性法规。行政法规由国务院制定，如《审计法实施条例》《建设工程质量管理条例》《建设项目环境保护管理条例》等；地方性法规由地方人大及其常委会制定，如《重庆市审计监督条例》《重庆市建筑管理条例》《重庆市土地房屋权属登记条例》等。

（3）规章包括部门规章和地方政府规章以及规范性文件。部门规章由国务院部委及其直属机构制定，如《审计机关国家建设项目审计准则》《政府投资项目审计管理办法》《政府投资项目审计规定》《工程建设项目施工招标投标办法》《建设工程价款结算暂行办法》《征地管理费暂行办法》《建筑工程施工发包与承包计价管理办法》等；地方政府规章由有地方立法权的地方人民政府制定，如《重庆市国家建设项目审计办法》《重庆市重点建设项目管理办法》《重庆市政府投资项目管理办法》等。

（4）司法解释由最高人民法院、最高人民检察院制定，如《最高人民法院关于审理建设工程施工合同纠纷案件适用法律问题的解释》等。

3．技术经济指标和规范

审计的技术经济指标和规范依据指预算定额、计价定额、建设项目经济评价方法与参数，如《建设工程工程量清单计价规范》（GB 50500—2013）、《建筑工程建筑面积计算规范》（GB/T 50353—2013）等。

二、建设工程审计的实施模式

（一）按照审计介入的时间划分

1．事后审计

事后审计又称为常规审计，是在经济活动完成以后开展的审计。由于项目建设是一项周期较长、内容复杂的工作，并具有一次性、隐蔽性、实施状态的可变性、变更价款协议确定性、检查评价的特殊性，要将各种各样的建筑材料按照一定的施工程序、质量要求逐步组合成建筑物或构筑物，事后审计模式无异于让审计人员脱离实际、远离具体的建设过程。事后审计在三个方面有不可避免的缺陷：一是审计收缴决定得不到法律支持。在合同审计方面，中标单位中标并签订合同后，其权利和义务即受法律保护，审计机关不可对中标并经合同确定的内容进行审计处理，也不能对甲、乙双方已签字认可的合同以外的变更工程款进行审计处理。二是潜伏着较大的审计风险。审计人员看不到建设项目施工以及有关物资设备进出、安装等具体过程，只能将有关签证单、验收单、进货单等本应加以审计的资料作为审计依据，使资料背后的许多违法违纪问题经审计后披上了合法的外衣，从而放纵了违规违纪行为。三是难以发挥审计作用。审计人员难以发现建设管理不到位、监理不到位、施工不到位甚至设计不到位等问题，即使发现了一些问题，也很难加以补救，对合同确定的不合理价款无法追缴，对实际支出超过概预算的部分（已经构成建设项目实体）并不会因为审计的揭露与评价而重新变成货币资金。

2．跟踪审计

跟踪审计是指随着项目进度，对项目实施过程中的决策、程序、投资、进度、质量控制情况、资金使用及其他事项进行适时评价、持续监督和及时反馈的审计监督，主要侧重于及时发现问题、规范项目管理、提高投资效益。跟踪审计是现代审计的一种新模式，将事后审计变为事前、事中的跟踪审计，在跟踪审计中找准工程建设薄弱环节，规范工程建设行为，提高工程建设管理水平，促使工期、质量、功能和投资的最佳化，争取最佳投资效果。

跟踪审计既可以从建设工程投资决策直至项目后评估阶段的全过程开展，也可以在建设工程的某一个或某几个阶段开展，近年来开展较多的是建设工程施工阶段的跟踪审计。在工程项目建设的全过程开展跟踪审计，已在实践中彰显出了它的优越性以及广阔的应用前景。全过程跟踪审计需要全社会相关法规制度的完善，同时对审计人员的专业素质和能力都有更高的要求。当前，跟踪审计实践也出现了一些新的问题，由于缺乏相关规定，审计人员在跟踪审计监督活动中，容易模糊审计监督与建设管理活动的界限，监督工作介入了建设管理活动，使得审计人员的身份从监督者变为管理者，从评价者变为参与者，容易引发审计风险。跟踪审计的健康开展，需要切实解决审计人员的角色问题，应当从法律规范的角度，明确审计人员应该履行的职责与建设管理活动的界限。

（二）按审计目的划分

1．工程造价审计

工程造价审计是对工程实施过程各阶段的造价进行审计，包括对投资估算、设计概算、施工图预算、工程竣工结算、工程竣工决算等进行审计，以鉴证工程造价的真实性、合法性为主要目的，当前开展较多的是对工程竣工结算和决算的审计。

2．工程管理审计

工程管理审计是对工程建设过程实施监督，目的是控制投资、进度和质量。工程管理审计在工程项目建设前和项目建设过程中开展，通过管理审计，将追究责任转变为预防保护。其中工程投资是工程管理审计的重要内容，为了确保工程项目效益，需要合理地进行工程预算管理，尽量削减不必要的投资，从而降低工程项目成本。在项目建设过程中，通过工程项目管理审计能够对项目的资金使用情况进行监督管理，通过对比项目方案并且选择最优方案，能够最大限度地发挥投资功能，提升工程效益，确保项目质量。

3．工程绩效审计

工程绩效审计以促进投资效益的实现为目的。其目标主要体现在三个方面：一是以财务收支审计为基础，以资金为主线，通过绩效审计，检查有关政策的落实情况，促进资金的合理、有效使用；二是通过对政府投资项目建设过程及经营管理的审计或调查，揭露问题，提出建议，加强对权力的制约和监督；三是促进项目后续运营达到预期效果，调查已建成项目的运营状况，分析不能达到预期效果的原因，从项目建设管理体制、投融资体制及运营机制等宏观制度方面提出审计建议，促进项目的后续运营达到预期效果。

4. 专项审计调查

专项审计调查是指审计机关通过相应审计方法，对与国家财政收支有关或者本级人民政府交办的特定建设项目，向有关地方、部门、单位进行的专门调查活动。专项审计调查侧重于提建议、揭隐患，较之一般意义上的审计具有更强的灵活性。例如，城市棚户区改造情况专项审计调查、扶贫搬迁审计调查等。

三、建设工程审计的特点

（一）审计客体的复杂性

建设工程的审计客体，既包括工程的建造活动，也包括参与工程建设的各方主体。工程的建造过程要遵循建设程序，建设程序的各个建设阶段都有丰富的工作和内容，依据的法律规范很多，涉及决策审批、工程招投标、合同订立与履行、建设目标的实现等活动的真实、合法、绩效性问题。建造活动的复杂性带来审计内容的复杂性。

工程建设的参与主体很多，大体可以分为三类：一是项目法人或其授权委托的单位，是投资责任的直接承担者；二是承建主体，包括设计、施工、监理、材料设备供应、招投标代理等单位，这些单位通过签订工程合约参与工程建设；三是政府建设主管部门，包括各级国家发展和改革委员会、住房和城乡建设管理部门、国土资源部门、环保管理部门、消防管理部门、节能管理部门等，这些部门依照法律法规和职能划分履行工程建设的政府监管职责。现有法律规范将项目法人或其授权委托的单位列为审计监督对象，将承建主体均表述为审计调查对象，没有将政府建设主管部门列为审计监督或者调查对象。虽然没有将承建主体与政府建设主管部门明确列为审计对象，但建设工程审计不可避免地需要与上述各类主体打交道。参与主体的复杂性增加了沟通难度和调查了解的工作量，增加了审计工作的难度。

（二）审计持续时间长

大额投资的重点建设工程，建设工期长，若开展跟踪审计，审计持续时间往往也很长，审计人员对一个审计项目投入的精力也比较多。审计时间的长短取决于工程建设时间的长短，如果建设工程因各种原因延误工期，审计也被动地不能结束工作。此外，由于合同审计、造价审计经常涉及法律纠纷，有时候需要通过司法程序解决问题，导致审计工作不能及时完结。

（三）审计整改难度大

建设工程审计开展较多的是竣工决算审计，这是一种事后审计，对于审计中发现的决策审批和招投标过程不合规、多计结算造价、不按合同付款等问题，往往很难整改，只能建议建设单位从内控制度上加以完善,避免在以后的建设工程中出现类似问题。如果建设单位不够重视,还可能出现屡审屡犯的情况,降低了审计工作成果的应用价值。

(四)审计人员知识技能的综合性

建设工程审计内容并不限于建设单位的财务收支,还包括对各项建设活动与建设主体的审计。审计人员除了要懂得审计的基本理论、程序和方法外,还需要具有建筑技术、工程识图、造价计算、合同管理、工程招投标、建设工程相关法律等方面的知识;同时,由于建设中广泛采用计算机技术,各种工程软件例如CAD、BIM、造价软件的使用,都对建设工程审计人员提出了较高的要求。当前,我国审计人员普遍出身于审计和会计专业,较少具备建设工程方面的专业知识,所以建设工程审计往往委托社会造价咨询机构完成;但社会造价咨询机构从业人员多数是建筑管理或造价方面的专业人员,对审计的基本理论和程序不够了解。所以现实情况是,这两类人员想要胜任建设工程审计工作,都必须加强专业知识的补充和学习。

四、建设工程审计的内容分析

建设工程审计的内容可以概括为人的活动、财的运行、物的状态。人的活动是指审计对象的活动过程,例如政府建设主管部门的审批行为、建设单位在工程采购中的招投标行为、施工单位在施工过程中的质量控制行为等;财的运行是指建设资金的筹集和使用,例如建设单位如何筹集建设资金,在履行建设合约时资金的支付情况,工程结算资金的确认,等等;物的状态是指建筑半成品和成品的质量情况、对环境的影响情况。人的活动、财的运行和物的状态三者相互融合,很多情况下无法严格区分,例如建设单位使用资金的行为,既是人的活动又是财的运行;三者相互制约、互为因果,人的活动控制财的运行、形成物的状态,财的运行制约人的活动、决定物的状态,物的状态是人的活动和财的运行成果。

建设工程审计的内容按照工程建设程序可以划分为投资决策审计、征地拆迁审计、设计管理审计、招投标管理审计、合同管理审计、工程管理审计、竣工结算审计、竣工决算审计,按照审计内容的专业性质划分为财务收支审计、工程造价审计、建设管理审计,按照审计目的划分为预算执行情况审计、工程绩效审计、专项审计调查。

从审计实践的角度看,目前开展较多的是财务收支审计和工程造价审计,对于其他的审计内容则颇具争议,主要在于审计如何定位好角色,平衡监督、评价和鉴证各个功能的关系。审计发挥其监督职能时,如果参与到工程建设的各个环节,则其评价和鉴证职能有可能陷于自己评价自己、自己证明自己的尴尬境地。当前由于审计力量的不足,其他审计内容尚未广泛开展,所以矛盾还不突出。将来审计内容如何发展,是向全过程跟踪审计进一步完善,还是逐步减少审计内容,平衡好经济监督、经济评价和经济鉴证的关系,是值得进一步探讨的问题。无论如何,可以肯定的是,将来建设工程审计的发展,将会越来越注重绩效审计、环境审计。

第二章
投资决策审计与案例

第一节 投资决策概述

一、投资决策关键词

(一) 项目建议书

根据现行规定,政府投资项目要编制项目建议书,即建设一项工程的建议性文件,提交政府主管部门以通过项目的立项审批。项目建议书又称项目立项申请,由建设工程的筹建单位或项目法人自行或委托有资质的中介机构编制,其编制依据包括建设的宏观与微观背景。宏观背景包括:一定时期国内外经济发展形势,国家产业政策和中长期建设规划,生产力布局,国内外市场对产品的供应和需求情况。微观背景包括:地区经济发展情况、产业政策、产品需求、原材料供应、产品销售等。项目建议书的主要内容包括:建设工程的依据和必要性;产品方案、拟建规模和建设地点的初步设想;资源情况、建设条件、协作关系和设备技术引进国别、厂商的初步分析;投资估算、资金筹措及还贷方案;项目建设进度的大致安排;经济效益和社会效益的初步评价,包括初步的财务评价和国民经济评价;环境影响的初步评价,包括治理"三废"措施、生态环境影响的分析结论;附件。

(二) 可行性研究报告

政府投资项目要编制可行性研究报告,提交政府主管部门审批,其可行性研究报告通常由拟建单位委托有资质的中介机构编制。可行性研究报告是决定建设工程是否获得建设审批的关键性文件,在投资决策之前,通过对拟建工程进行全面的技术经济分析和科学论证,在报告中提供几个可选的建设方案,分别进行经济、社会、环境方面的影响论证,从而提出建设建议供决策部门审批。编制可行性研究报告首先必须开展广泛的调研,内容包括与拟建项目有关的自然、社会、经济、技术等因素,要分析和预测建成后的经济效益、社会效益和环境效益,在此基础上综合论证项目建设的必要性、财务的营利性、经济上的合理性、技术上的可行性以及建设条件的可能性,分析风险因素并提出对策。可行性研究报告的主要作用有:为投资决策提供依据,供决策部门评审和审批;项目获批之后,建设单位以可行性研究报告作为筹措资金和申请贷款的依据；开展工程设计工作时作为编制设计任务书和初步设计文件的依据。可行性研究报告的主要内容有：

1．论证建设工程的必要性

可行性研究报告应从宏观和微观两个层次对建设工程的必要性进行分析：宏观层次从国民经济和社会发展的角度，分析拟建项目是否符合合理配置和有效利用资源的要求，是否符合区域规划、行业发展规划、城市规划的要求，是否符合国家产业政策和技术政策的要求，是否符合保护环境、可持续发展的要求，等；微观层次从项目自身角度，分析拟建项目实现企业自身可持续发展重要目标、重要战略和生存壮大能力的必要性。

2．分析市场供需情况

可行性研究需调查分析并预测拟建项目的市场供需情况，如生产性、服务类项目，要调查现有同类产品和服务的供给情况，合理定位拟建项目产品和服务的目标市场，根据项目辐射范围，了解其需求现状并预测未来需求的发展情况，摸清销售价格水平及走势，调查主要原材料的采购来源、质量水平及供货情况，研究营销策略，预测未来产品和服务的销售情况，分析建设规模及建成后的市场占有份额，预测可能占有的市场份额。

3．研究项目的建设方案

大型重点项目通常应提供三个以上的建设方案进行论证和比选。项目建设方案包括项目的选址、建设规模、建筑风格与立面设计、平面布局、消防设施、环保治理措施和建设进度、建设中及建设成后的组织机构与人力资源配置等。对于生产性项目，还要提出产品方案，工艺技术和主要设备方案，主要原材料、辅助材料和燃料的供应方案，总图运输方案和土建工程方案，节能措施、工人职业安全卫生健康措施，等。

4．编制投资估算

可行性研究还要按照现行投资估算的组成范围估算建设总投资。建设工程总投资即指固定资产投资，生产性项目还包括铺底流动资金投资。固定资产投资又分为建筑安装工程费用、设备购置费、工程建设其他费、预备费、增值税、筹资费用，其中建筑安装工程费和设备购置费构成了总投资的主要部分，工程建设其他费用当中的土地使用费也占有较高的比例。

5．提出融资方案

可行性研究报告应根据投资估算确定的工程总投资，结合国家地区相关扶持政策，研究分析可能的融资渠道。国家或地区支持发展的建设工程，通常由国家财政提供部分建设资金支持，同时本部门本地区的各级政府提供部分配套资金。由项目业主自行融资的部分，要分析融资渠道和方式、资金结构及融资成本和融资风险等。可行性研究阶段应开展融资方案的财务分析，比选出最佳融资方案。

6．财务评价

财务评价又称为微观评价，是站在项目自身的角度，对项目的财务数据进行分析，目的是评价建设工程在财务上的可行性。进行财务评价要使用工程技术经济分析方法，首先将项目运行期间分为建设期和运营期，按年度分别估算各年的投入费用和资金的回收状况，绘制现金流量图，编制现金流量表等财务报表，计算动态营利能力指标如投资回收期、财务内部收益率、财务净现值等，静态盈利能力指标如投资利润率、投资利税率和资本金利润率等，清偿能力指标如资产负债率、借款偿还期、流动比率、速动比率等，进行财务营利能力、偿债能力以及财务生存能力分析，评价项目的财务可行性。

7．国民经济评价

国民经济评价又称为宏观评价，是站在国家层面，从国民经济全局出发，考察项目对整个国民经济可能带来的影响。开展国民经济评价，除了要计算投资项目产生的直接费用和带来的直接收益外，还要从全社会经济资源有效配置的角度，考察项目对国民经济的净贡献，识别项目产生的间接费用和带来的间接效益，分析建设工程对经济发展所做出的社会贡献以及所耗费的社会资源。进行项目国民经济评价要编制经济费用效益流量表，使用影子价格、影子工资、影子汇率计算项目经济内部收益率、经济净现值、经济净现值率和投资效益率等评价指标，评价项目的经济合理性。

8．社会评价

对于能源建设、交通运输、邮电通信、水利工程等社会公共利益类项目，要在广泛开展社会调查的基础上，了解当地政府、公民、社会环境、人文环境对项目的支持和接受程度，分析拟建项目的社会影响和社会效益，对可能影响项目建设的各种不利因素进行识别和排序，分析可能出现这种风险的社会环境和条件，提出防范和解决社会问题的方案。

9．敏感性分析

敏感性分析是分析项目不确定性的一种方法，通过敏感性分析判断项目风险承受能力。敏感性分析首先选取一项或几项财务评价指标，如投资回收期、投资收益率、净现值、内部收益率等，以其正常状态下的指标值作为目标值；其次选取几个变化可能性较大，且对目标值影响作用较大的因素，如建设期、产品售价、产量等，计算因素变化不同幅度时的财务指标值，判断其对财务指标的影响程度，小幅度变化即带来财务指标大幅度变化的因素，即为敏感因素；进一步分析应该采取的措施，提高建设方案抗风险能力。敏感性分析根据选取因素的多少，又分为单因素敏感性分析和多因素敏感性分析。

10．结论与建议

归纳总结前面所做的各项分析研究，应得出项目是否可行的确切结论。在备选的建设方案中推荐最佳建设方案，指出建设方案可能存在的问题和面临的风险，提出解决问题和应对风险的建议。

（三）建设工程审批与管理制度

我国建设工程审批制度的改革方向是转变政府职能，从过去的重审批、轻服务、轻监管转变为简政放权、放管结合、优化服务，推动政府职能转向减审批、强监管、优服务，促进市场公平竞争。改革举措之一是，区别不同投资主体，采用不同的建设工程审批与管理制度。2004年7月16日，国务院发布《国务院关于投资体制改革的决定》(国发〔2004〕20号)，对于企业不使用政府投资建设的项目，一律不再实行审批制，区别不同情况实行核准制和备案制。其中，政府仅对重大项目和限制类项目从维护社会公共利益角度进行核准，其他项目无论规模大小，均改为备案制。《政府核准的投资项目目录》(以下简称《目录》)由国务院投资主管部门会同有关部门研究提出，报国务院批准后实施。企业投资建设实行核准制的项目，仅需向政府提交项目申请报告，不再经过批准项目建议书、可行性研究报告和开工报告的程序。对于《目录》以外的企业投资项目，实行备案制，除国家另有规定外，由企业按照属地原则向地方政府投资主管部门备案。备案制的具体实施办法由省级人民政府自行制定。国务院投资主管部门要对备案工作加强指导和监督，防止以备案的名义变相审批。简而言之，即政府投资项目和使用政府性资金的企业投资项目实行审批制，不使用政府性资金的重大和限制类企业投资项目（具体参照《目录》）实行核准制，不使用政府性资金的其他企业投资项目（《目录》以外项目）实行备案制。

2018年5月18日，国务院办公厅发布《关于开展工程建设项目审批制度改革试点的通知》(国办发〔2018〕33号)，在北京市、上海市、重庆市、厦门市、浙江省等全国16个省市开展试点，建成工程建设项目审批制度框架和管理系统，按照规定的流程，审批时间压减一半以上。这项试点将建设工程审批流程划分为四个阶段——立项用地规划许可、工程建设许可、施工许可、竣工验收，区别建设工程项目类型、投资类别、规模大小等，简化社会投资的中小型建设工程项目审批，并提出了精简审批环节、完善审批体系的改革要求。

（四）项目申请报告

项目申请报告是实行核准制的项目应提交的研究论证报告。当企业投资建设属于政府核准范围的项目时，按照规定应编制报送项目申请报告，以获得拟建项目的行政许可。政府相关部门进行核准时，主要审核企业投资项目对经济安全是否带来不利影响，对重大产业布局能否起到优化作用，是否有利于保障公共利益，在保护生态环境方面有无治理措施，是否考虑合理开发和利用自然资源，是否形成新的垄断，等。需要编制项目申请报告的项目主要有三类：一是民营企业投资项目，在《目录》中列出的重大项目和限制类项目,具体范围由各省市政府确定;二是外商投资企业项目;三是境外投资项目。

二、投资决策管理主要法律依据

(一)《政府投资条例》

2019年4月14日,国务院发布《政府投资条例》(国务院令第712号),自2019年7月1日起施行。该条例共7章39条,内容包括总则、政府投资决策、政府投资年度计划、政府投资项目实施、监督管理、法律责任、附则。制定《政府投资条例》的目的是为政府投资导向,优化政府投资结构,规范政府投资行为,提高政府投资效益。

(二)《国务院关于投资体制改革的决定》

2004年7月16日,国务院发布《国务院关于投资体制改革的决定》(国发〔2004〕20号),内容包括深化投资体制改革的指导思想和目标,转变政府管理职能、确立企业的投资主体地位,完善政府投资体制、规范政府投资行为,加强和改善投资的宏观调控,加强和改善投资的监督管理,等5部分,附件为《政府核准的投资项目目录》。发布《国务院关于投资体制改革的决定》的目的是进一步深化投资体制改革,落实企业的投资决策权,充分发挥市场配置资源的基础性作用,提高政府投资决策的科学化、民主化水平,增强投资宏观调控和监管的有效性。

(三)《国家计委关于重申严格执行基本建设程序和审批规定的通知》

1999年7月29日,国家计划委员会发布《国家计委关于重申严格执行基本建设程序和审批规定的通知》(计投资〔1999〕693号)。该通知主要包括5项内容:严格执行基本建设程序;严禁越权审批建设项目;严禁擅自对外签约;今后对违反基本建设程序的建设项目,国家计委不予审批;今后对违反基本建设程序、越权审批和擅自对外签约等造成的不良后果及善后处理,国家计委将不予受理。该通知出台的背景是当时个别地区、部门和企业存在较多的违规行为,表现在违反基本建设程序、越权审批项目、擅自对外签约、自行开工建设国家已明确否决的项目,事后又要求国家予以确认、帮助解决项目建设中和建成后遇到的困难和问题。

(四)《国家重点建设项目管理办法》

1996年6月3日,《国家重点建设项目管理办法》经国务院批准,1996年6月14日由国家计划委员会发布,根据2011年1月8日《国务院关于废止和修改部分行政法规的决定》(国务院令第588号)修订。该办法共26条,包括国家重点建设项目的范围、确定程序、年度投资计划及建设资金的安排以及违反规定的处罚等内容。该办法的制定目的是促进国民经济和社会发展有重大影响的骨干项目的工程质量和按期竣工,提高投资效益。

（五）《财政违法行为处罚处分条例》

2004年11月30日，国务院发布《财政违法行为处罚处分条例》(国务院令第427号)，自2005年2月1日起施行，根据2011年1月8日《国务院关于废止和修改部分行政法规的决定》修订。该条例共35条，包括财政监督的执法主体、财政违法行为的处理措施、各类违反财政规定行为的类型及处罚措施等内容。条例实施的目的是纠正财政违法行为，维护国家财政经济秩序。

（六）《企业投资项目核准和备案管理条例》

2016年12月14日，国务院发布《企业投资项目核准和备案管理条例》，自2017年2月1日起施行。该条例共24条，包括核准和备案管理的范围、核准和备案应提交的资料、审查的内容、违反规定的处罚等内容。制定该条例是为了加快转变政府的投资管理职能，落实企业投资自主权，规范政府对企业投资项目的核准和备案行为。

（七）《建设项目环境保护管理条例》

1998年11月29日，国务院发布并施行《建设项目环境保护管理条例》，于2017年6月21日经国务院第177次常务会议通过修改，并于2017年10月1日起施行。该条例包括5章30条，内容包括总则、环境影响评价、环境保护设施建设、法律责任和附则。制定该条例是为了防止建设项目产生新的污染、破坏生态环境。

（八）《固定资产投资项目节能审查办法》

2016年11月27日，国家发展和改革委发布《固定资产投资项目节能审查办法》，自2017年1月1日起施行。该办法共18条，内容包括固定资产投资项目节能审查的程序，各主管部门、节能审查机关、建设单位的责任，以及违反规定的处罚，等。出台办法是为了促进固定资产投资项目科学合理利用能源，从源头上杜绝能源浪费，提高能源利用效率，加强能源消费总量管理。

第二节 投资决策主要工作与存在的问题

一、投资决策主要工作

（一）项目建议书的编制与审批

项目建议书是提出建设某一具体项目的建议文件，是对建设项目的必要性和可行性进行初步研究，提出拟建项目的轮廓设想。项目建议书由项目建设单位或项目法人编制。实行审批制的项目，向发展和改革委等项目审批部门报送办理审批手续；实行核准制、备案制的项目，由建设单位自行编制项目建议书，不需经过报批程序。

（二）项目选址意见书的编制与核发

建设单位编制建设项目选址申请书。以划拨方式取得建设用地的，向城乡规划部门申请核发选址意见书，由规划部门核发建设项目选址意见书；通过国有土地使用权出让、转让取得国有土地使用权的建设项目，建设单位不需要办理选址申请书。

（三）建设用地预审的申请与审查

建设单位提出用地预审申请，审批制项目在可行性研究阶段提出，核准制项目在项目申请报告核准前提出，备案制项目在项目办理备案手续前提出。国土资源部门审查用地预申请，国土资源部门审查通过后，出具《建设项目用地预审意见书》。未经用地预审或预审未通过的，不得批复可行性研究报告、核准项目申请报告，不得批准农用地转用、土地征收，不得办理供地手续。

（四）环境影响评价的编制与审批

国家对建设工程的环境影响评价实行分类管理：对可能造成重大环境影响的项目，要求编制环境影响报告书；对可能造成轻度环境影响的项目，要求编制环境影响报表；对环境影响很小的项目，只需要填报环境影响登记表。

建设单位根据国家《建设项目环境保护分类管理名录》，编制《环境影响报告书》《环境影响报告表》或者填写《环境影响登记表》等环境影响评价文件。

环保部门对建设单位编制的环境影响评价文件进行审批，出具《环境影响报告书的批复》等文件。环境影响评价文件的报批时间：需要进行可行性研究的项目，在可行性研究阶段报批；不需要进行可行性研究的项目，在建设项目开工前报批。

（五）可行性研究报告的编制与审批

审批制项目，由建设单位委托有资质的单位编制可行性研究报告，并经有资质的评估单位评估论证后，到主管部门申报立项。核准制、备案制项目，有企业内部决策和外部许可两个层面的报告：内部层面，编制可行性研究报告用于企业内部决策；外部层面，核准制项目编制项目申请报告，备案制项目编制项目备案申请，政府补助、贴息项目编制资金申请报告，提交主管部门以获得行政许可。

对于政府投资项目，主管部门根据可行性研究报告批准立项；对于企业投资项目，主管部门根据项目申请报告和项目备案申请批准立项。审批前提是项目完成了建设用地预审、环境影响评价以及其他在可行性研究阶段需要办理的手续。

由国家发展改革委审批或核报国务院审批的重大水利项目，凡在国务院或国家发展改革委批准的水利发展建设规划中明确工程建设必要性和开发任务的，原则上不再审批项目建议书，直接审批可行性研究报告（代项目建议书）。

可行性研究报告经批准后，不得随意修改和变更。如果在建设规模、产品方案、建设地区、主要协作关系等方面有变动以及突破投资控制数额时，应经原批准机关同意。

（六）用地规划许可和工程规划许可的申请与审批

建设项目在经批准、核准、备案后，向城乡规划部门提出建设用地规划许可申请，规划部门审批。对于划拨土地，规划部门核发建设用地规划许可证，建设单位取得建设用地规划许可证后，向国土部门申请用地，国土部门划拨土地。对于出让用地，规划部门分两步办理：第一步，在签订出让合同前，由规划部门提出规划条件，出具《规划设计条件通知书》；第二步，在签订出让合同后，由规划部门核发建设用地规划许可证，建设单位据此向国土部门申请用地。

建设单位向城乡规划部门提交建设用地规划许可证、《可行性研究报告》和设计方案等文件，申请办理建设工程规划许可证。城乡规划部门核发建设工程规划许可证。建设工程规划许可证是办理建设工程施工许可证的条件。

（七）建设用地使用权的取得

我国土地所有权有两种，国有土地和集体土地：国有土地可直接作为建设用地；集体土地归集体所有，要经国家征用后才能成为建设用地。建设用地取得的途径有无偿划拨和有偿取得两种，土地使用权的有偿使用有出让、转让和租赁等形式。

建设单位向土地主管部门提出建设用地使用权申请，国土部门审批，人民政府颁发国有土地使用权证。

（八）其他行政审批事项

针对项目类型的不同，其他的行政审批事项，例如消防安全手续、电力手续、文物保护、园林手续、河道手续、水保手续、卫生防疫部门手续、地质灾害评估手续等，由建设单位提出申请提交相关主管部门审批。

二、投资决策管理存在的问题

（一）未按规定办理项目审批手续

严格按规定办理项目审批手续，确保项目获得行政许可或审批，是项目顺利融资和建设的保证。一部分项目盲目追求建设进度，忽视办理审批手续。其主要表现有：项目建设未严格执行立项、可行性研究、征地、环评、初步设计等建设程序；以化整为零、提供虚假资料等不正当手段取得项目审批文件；违反建设项目用地预审规定；未按规定办理环境影响报批手续；项目未按照规定进行节能评估和审查。

（二）可行性研究报告的编制与审批流于形式

这类问题主要表现为主管部门项目决策机制有瑕疵，存在大量人为干扰因素，项目决策并不真正以可行性研究报告结论作为依据，可行性研究报告成了"可批性报告"，无论其编制质量如何都能通过审批。拟建单位在编制可行性研究报告时，将其作为应付审批的工具，没有认真开展市场调研和科学论证，没有深入研究项目建设的必要性和可行性，财务评价数据依据不足，随意假设，草率得出结论，项目实施后很难保证其效益性。

（三）投资规模和概算审批不严格

这类问题主要表现为拟建单位投资规模论证缺乏科学性，概算依据调研不充分，数据随意填报，审批部门对投资规模和概算文件疏于把关，在建设过程中，随意调整投资规模和概算，使得造价失控。

（四）资金来源不能落实

有的项目在立项批复和可行性研究报告批复中资金来源论证不充分、落实不具体，导致在项目实施过程中建设资金无法落实到位，如果项目已开工建设，极容易导致项目停工，以及农民工上访、项目超概算等问题。落实建设资金是建设单位的责任，《基本建设财务规则》（财政部令第81号）第十二条规定：项目建设单位在决策阶段应当明确建设资金来源，落实建设资金，合理控制筹资成本。

第三节 投资决策审计实务工作的重点

一、决策程序合规性审计

决策程序合规性审计主要审计决策程序的完整性，有无缺少部分决策环节的情况。对于实行审批制的项目，则审查其是否编制了项目建议书和可行性研究报告，是否存在先建设后论证的情况，审批文件的时间和顺序是否符合建设程序，主管部门是否严格按照权限范围履行职责，审批依据是否合法合规。

二、可行性研究报告编制与评审主体的资质审计

根据现行规定，对于审批制的项目，其可行性研究报告需要有资质的单位编制。该资质称为工程咨询资格证书，分甲级、乙级和丙级，其中：甲级和乙级资质由中国工程咨询协会审核颁发，丙级资质由各省（自治区、直辖市）的工程咨询协会审核颁发。具备编制可行性研究报告资质的单位一般有工程咨询公司、工程咨询中心和建筑

设计院等。甲级资质可以在全国范围内承揽大中型项目的可行性研究报告编制任务；乙级资质可以在地方或行业范围内承揽中小型项目的可行性研究报告编制任务；丙级资质一般编制县级立项的建设工程可行性研究报告。政府投资项目要由符合资质要求的咨询中介机构评估论证，并报主管部门审批。该环节审计时应关注可行性研究报告的编制和评审单位是否符合资质要求，具体内容包括：负责进行可行性研究的单位是否具有法定资格，是否按照规定程序完成可行性研究报告的编制、审核工作，有关责任人的签字、签章是否完备，是否经有资质的机构评估论证，是否由具备审批资格的部门或人员审批，等。

三、可行性研究报告内容审计

（一）报告内容的合法合规性审计

可行性研究报告的内容应符合各行业编制要求，参照《投资项目可行性研究指南》核实可行性研究报告的内容是否完整，重点内容是否全面清晰，编制依据是否齐全、是否依据现行法律规范及文件编制，数据来源是否真实可靠，论证过程是否逻辑清楚，提出结论是否有理有据。

（二）建设规模和市场需求预测准确性审计

这部分审计内容包括审查调研数据来源是否可靠，调研范围是否符合项目辐射影响范围，数据是否翔实，预测方法是否科学合理，分析过程如市场需求预测、价格分析、产品竞争能力、销售前景分析等是否正确，得出的结论如建设规模、产品方案等是否正确可靠。

（三）建设条件和选址方案审计

建设条件应满足项目建设需要，应全面考虑可能面临的建设困难，避免项目开工后无法顺利完成；选址方案应恰当，避免给建设地群众的生产和生活带来不利影响。结合拟建工程归属行业类型、生产特点、结构类型、原材料和劳动力需求等，审查建设条件和选址方案是否与拟建工程相适应，如废气排放工程不宜位于城市上风口，废水排放工程不宜位于饮用水取水口附近，居住小区周边不宜有生产工厂，生产原料需要大量用水的工程应临近水源，等；审查拟建地址的水文、地质、气象等情况是否满足拟建工程建设需要，如是否位于地震带上，地质条件、全年恶劣天气数量是否影响工程施工，等。

（四）生产工艺和技术方案审计

生产工艺和技术方案应具有先进性和合理性。其审查内容包括：是否与当前生产力水平和社会需求匹配，生产设备和原材料自给程度如何，是否信赖进口产品，进口生产线的引进是否存在障碍,是否存在国外淘汰产品,国内是否具备设备安装和生产能力。

(五) 交通运输情况审计

交通运输情况对生产性项目建设过程中和建设后的运营都有重大影响。其审查内容包括:分析项目外部运输条件和内部运输设计,现有外部运输条件是否满足要求,能否满足原材料供给、产品销售、职工生活的需要,不能满足的情况下是否考虑投资建设外部运输条件,内部运输流程是否合理,不同阶段的半成品转运是否简洁高效。

(六) 环境保护措施审计

建设工程应高度重视环境保护措施的建设,"三废"治理措施应该与主体工程同时设计、同时建设、同时投产,在可行性研究阶段应该针对项目特点,基本拟定环境保护措施。其审查内容包括:环境保护措施是否具体,是否具有针对性;其建设规模与处理能力是否与拟建工程"三废"排放量相匹配。

(七) 投资估算和资金筹措审计

投资估算依据的基础数据应该可靠,估算费用项目应完整,计算方法选择应合理,计算结果应正确无误。审计投资估算时应审查其是否符合上述要求。资金筹措方式应该符合法律法规和各项文件规定的要求,实行项目资金本制的项目,应审查自有资金比例是否达到要求,其他来源渠道是否可行,是否存在融资障碍。

(八) 各项经济指标审计

各项经济指标计算依据的基础数据应该真实可靠,计算过程正确无误,评价用到的参照指标应该合理。审计经济指标时应审查其是否符合上述要求,防止数据造假、计算错误和结论不真实。

四、建设资金的来源与落实情况审计

建设工程资金来源主要有财政预算资金、银行贷款、自筹资金、发行债券和股票、利用民间资本、利用外资等。建设工程通常都有一种或几种建设资金来源,各种资金来源应具备的条件、取得的难度、付出的对价差别很大,审计时应关注不同资金来源的可行性、合规性。此外,审计应关注建设资金能否落实,预算资金应列入年度预算,其他资金来源应可靠并符合建设进度要求。

第四节 投资决策审计案例

一、某污水处理厂迁建工程审计

（一）案例情况及背景材料

A 污水处理厂迁建工程于 2012 年 9 月取得 X 县发展改革委立项批复，估算总投资 3.42 亿元，资金来源为：县财政资金。

建设主要内容：新建 $4\times10^4\ m^3/d$ 污水处理厂一座。其中：主要构筑物按近期 $4\times m^3/d$ 设计，生产性建筑物和辅助性建筑物按远期 $10\times10^4\ m^3/d$ 设计；新修提升泵站后污水压力管道 DN1200、DN1000，长度各约 600 m；新建污水隧道长度为 865 m；新修箱涵长 432.5 m；新建公路长 432.78 m。

2012 年 12 月，项目业主单位与 W 水务集团子公司下属 T 公司签订项目 EPC 承包合同协议，该项目未经招投标程序，属直接发包。

（二）审计组织及实施过程

2016 年 3 月，G 公司受 N 市（辖 X 县）发展改革委委托对 A 污水处理厂迁建工程进行投资决策审计。审计组按委托要求，主要对以下方面进行了审计：重点审计项目建议书、可行性研究报告编制与审批程序是否符合规定，是否有先建后批的情况，审计审批部门与编制部门的资质、级别是否符合项目建设规模要求，审计是否有人为的高估多算或压低投资估值现象，审计可行性研究报告在分析和编制时使用的基础数据是否科学、合理、准确。

（三）发现问题及定性依据

1. 前期只进行了立项批复，未进行可行性研究

根据审计组的了解，本项目决策的主要依据是 2012 年 7 月 X 县政府关于 A 污水处理厂迁建项目有关问题的专题会议纪要以及 2012 年 9 月 X 县发展改革委关于 A 污水处理厂迁建工程立项的批复，但项目未按国家基本建设项目程序要求进行可行性研究。

2. 未进行初步设计概算

该项目业主单位与 W 水务集团子公司 T 公司 2012 年 11 月签订的 EPC 承包合同协议约定：本合同为固定总价合同。合同价款以审定的概算（扣除发包人负责部分）下浮 7%（设计费不下浮）作为合同总价款。但此时并未进行初步设计概算，而是在施工过程中依据施工图设计文件，边施工边编制初步设计概算。对于估算总投资为 3.42 亿元的项目，签订如此约定的合同价款，无法进行有效的建设投资管控。

3．未按规定进行公开招标

2012年9月X县发展改革委对本项目的立项批复为：本项目应依法进行公开招标。但实际实施过程是：经X县政府与W水务集团协商一致，项目业主直接将工程发包给W水务集团子公司T公司实施。项目决策程序明显违反了《中华人民共和国招标投标法》第三条，本项目作为全部使用国有资金投资的关系社会公共利益的大型基础设施，必须进行招标。

4．未批先建

项目于2013年8月开工建设，开工时并未取得建设主管部门批准的建设工程规划许可证和建筑工程施工许可证，违反了《中华人民共和国建筑法》。

（四）审计建议及处理结果

针对上述发现的问题，审计组提出如下建议：

1．规范投资决策程序

本项目未进行可行性研究即开展初步设计工作，违反了国家基本建设程序，要求项目业主单位加强项目管理内控制度建设，举一反三，即将实施的其他项目严格执行国家基本建设程序要求，规范投资决策程序。

2．对于未按要求公开招标进行处罚

审计组将项目业主未进行公开招标的问题移交给X县发展改革委，县发展改革委依法对项目业主进行处罚，罚款金额80万元。对项目业主单位的主要负责人进行诫勉谈话。

3．对于X县政府干预工程发包问题的处理

审计组将X县政府直接干预工程发包的问题移交给N市发展改革委，市发展改革委对X县政府主要领导进行诫勉谈话，要求依法依规施政。

（五）总结与启示

投资项目决策对项目建设的成败和项目投资效益的高低有决定性的影响。进行投资决策管理审计，需要审计人员具备扎实的理论基础知识，熟悉国家工程建设方面的法律法规。

投资决策需遵循科学化、民主化的原则，坚持"先论证，后决策"的原则，必须做到先对项目进行调查研究和论证，然后进行决策，杜绝"边投资，边论证"现象，更不应该采取"先决策，后论证"的违反客观规律的做法。

投资决策应深入调查和搜集各方面的投资信息，并对其进行科学的分析和研究，坚持系统性原则。另外，投资决策还要坚持责任制原则，投资决策工作必须建立在高度责任制的基础上，避免决策的主观性和盲目性。

二、某地产项目审计

（一）案例情况及背景材料

A公司是由P地产集团公司投资70%、谭某个人投资30%在海南共同组建的区域公司，注册资金1 000万元。A公司在海南某县S镇开发建设N项目，并注册了N项目公司，该项目占地面积28 190 m^2，容积率1.575，总建筑面积68 230 m^2，总户数745户，项目包括高层、低层住宅（独栋、联排、叠拼）等业态。高层公寓面积约28 950 m^2、低层住宅面积约15 800 m^2，包括独栋面积860 m^2、联排面积3 790 m^2、叠拼面积11 150 m^2，上述计容面积合计44 750 m^2（含太阳能补偿面积350 m^2），另有不计容面积23 530 m^2，包括地下车库面积21 300 m^2、公寓架空层面积2 230 m^2。

截至2017年9月底，签订销售合同665份，成交面积38 000 m^2，房屋成交金额47 260万元，装修成交金额为4 820万元，合计总成交额52 080万元，按面积计算的合同销售率约78.49%，资金回笼46 905万元（回笼率约90.06%），未回笼部分为5 172万元。对于未回笼部分，按揭未回款为1 722万元，占未回款总额的比例为33.29%；分期付款未回款为1 994万元，占未回款总额的比例为38.55%；其他结算方式未回款为1 455万元，占未回款总额的比例为28.13%。

（二）审计组织及实施过程

2017年12月，P公司与D公司签订项目审计合同，对N项目进行投资决策管理审计。D公司派出审计组，对该项目进行审计。审计组依次审计了建设单位提供的项目资料，包括：项目整体收益预测、项目财务状况、资金情况、经营效益情况、管理控制情况。

（三）发现问题及定性依据

1．投资管理

根据审计组的了解，本项目决策的主要依据是2013年8月L公司与A公司的股东签订的《股权转让合同》，缺乏项目建议书及其他相关的决策支持文件，看不到决策过程的相关记录，决策程序不完备。

2．营销管理

项目营销管理方面，N项目公司成立了专门的营销部，目前有5名工作人员（不包括职业顾问），另外聘某公司作为销售代理。在营销管理方面，存在以下几个方面的问题：

（1）销售费用大幅超支。

审计组认为：公司需要明确，销售费用占销售收入的 4%是上限指标，应该严格控制。由于销售费用的管理控制不当，造成销售费用大幅超支。

（2）存在已销售房屋用于抵押，以及抵押后的房屋再用于销售的情况。

3．规划设计管理

本项目的规划设计对项目红线范围内的土地利用非常充分，巧妙利用了项目红线与抱套河之间的空地作为绿化景观使用，大大提升了项目的景观舒适度。同时，项目在建设过程中根据销售情况对原规划设计进行了调整，将 1~8 栋原拟修建低层联排住宅的地块改为修建低层叠拼住宅，降低了套型总价，市场接受度较高。但项目在规划设计方面，存在前期规划设计和项目定位报告不一致的情况，例如本项目于 2013 年 5 月开工，而项目定位方案出具的时间是 2013 年 6 月，说明项目的规划设计和项目定位方案脱节。

4．成本管理

本项目未严格执行流程审批权限。根据《P 集团成本管理部权限划分表》，区域 A 公司与 P 集团公司招标管理权限划分规定：区域公司在招标文件审批、开标、评标、定标方面的权限为工程类标的金额≤200 万元，材料类标的金额≤100 万元。但审计发现有几个招标项目未按上述规定权限执行。

5．内部控制

（1）内部控制环境方面：目前，N 项目公司战略及经营目标不清晰，现有组织架构横向沟通与协同设计不足，专业化管理（如人力资源、财务管理）无法渗透到每个业务流程，难以达成专业化管理和有效监督。绩效考核以部门工作简单分解为主，缺乏统筹考虑和量化指标，考核容易流于形式。

（2）风险评估方面：缺乏整体有效的风险识别、评估与管理体系，现有风险管理工作主要体现在对合同签订的把关等方面。N 项目公司未对各种风险进行系统分析，评估其发生的可能性（概率）和影响（金额），找出风险产生的原因及可能影响。N 项目公司尚未建立起系统的风险应对策略，并对员工进行有针对性的业务培训与风险管理培训，提升公司管理风险的能力。

（3）控制活动方面：关键业务活动制度流程不健全或缺失。集中体现在：

① 缺乏明确的项目开发关键节点控制措施，导致 N 项目延迟成为常态。

② 销售费用的开支控制不严，未严格按照 4%的销售费用提取标准控制销售费用，致使销售费用大幅超支。

③ 存在未经招标程序就确定工程承包方的问题，不利于寻找专业优质的承包商，也给后期工程管理带来隐患等。如项目原总包单位 Z 公司实力不足，承揽工程后造成工程大面积延迟等。

（4）监督方面：未真正建立起重大事项专项督导、日常业务检查等监督机制。

（四）审计建议及处理结果

针对上述发现的问题，审计组提出如下建议：

1．规范投资决策程序

截至审计截止日，N 项目正常建设但项目开发周期要延长到 2018 年年底。根据测算，P 公司作为股东方年均收益只有 1.6%，反观项目的决策依据和决策程序未见清晰记录，P 公司需要加强和规范投资决策程序，提升决策的有效性。

2．加快项目开发周转速度

前已述及，N 项目的开发周期存在长时间的延迟，造成经营成本的增加及负面的客户体验。除拆迁因素外，承建方的实力不足、垫资能力不足也是项目延迟的重要原因。鉴于公司目前的资金状况，在项目建设过程中需要承建方大量垫资，因此在选择承建方的过程中，一定要把实力较差的，以及挂靠经营的承建方排除在外；同时，需对承建方的垫资给予适当的利息回报，以达到合作共赢。另外，N 公司需要加快项目的开发周转速度，提升资金的利用效率，尽量规避政策变化和市场的不确定性带来的风险。

3．加强运营管理和过程监督

在 A 公司 N 项目的开发建设过程中，投资调研、设计、工程管理、营销、财务等方面都存在不同程度的问题。因此，A 公司需要加强精细化管理，强化现场督促和细节追踪，做好部门之间的横向协调和快速响应；同时做好过程监督，消除团队的懈怠情绪和麻痹大意，保持对产品质量的追求和市场情绪的关注，保证经营目标的实现。

处理结果：P 公司更换了 N 项目公司总经理及公司财务总监，加强项目投资决策内部管理和财务管理。

（五）总结与启示

1．项目前期投资决策应全面考虑

投资决策管理是在项目建设前期，通过各种测算和试算，为管理者或决策者提供项目建设的决策依据。相关方应从规划指标、进度、销售、成本、税费等各方面收集项目基础信息，进而形成项目损益表与现金流量表，计算出项目各经营指标，使得项目的各个维度经营状况直接与项目经营结果对应；从多个角度为企业决策提供全面的决策数据依据，最大限度地规避项目开发的风险。

2．市场调查预测

建设方应主要针对拟投资的项目所在区域或市场就投资环境和市场情况进行全面

的调查评估与预测,作为未来项目进一步评估的基础数据和信息来源;采用定性、定量等各种预测方法对项目区域的相关投资环境(包括针对拟投自然条件、城市规划、基础设施等),供求状况(包括相关地段、用途、规模、档次、价位、平面布置等),房地产商品的价格、租金、经营收入,房地产开发和经营的成本、费用、税金,等相关内容进行全面的调查和预测。

  3.项目开发策划

  在前期调查预测基础上进行的项目开发策划主要包括项目区位的分析与选择,开发内容和规模的分析与选择,开发时机的分析与选择,开发合作方式的分析与选择,项目融资方式和资金结构的分析与选择,房地产产品经营方式的分析与选择,等,尤其是在进行拟开发项目的产品定位(如住宅、工业、商业、餐饮等)、产品类型(如住宅的小高层、高层等产品类型,商业的商铺、集中商业等产品)策划、相关指标(如基础的容积率、面积、开发周期等)确定等时。

  投资决策阶段做好营销管理、工程管理、成本管理、财务管理、文化建设的顶层设计,搭建好项目运营的大框架,可使后期管理有章可循、有据可依。

第三章
征地拆迁管理审计与案例

第一节 征地拆迁管理概述

一、征地拆迁管理关键词

(一) 征 地

征地是征收农民集体所有土地的简称。《土地管理法》规定,我国土地属于国家所有或农民集体所有。土地按用途分为建设用地、农用地和未利用地,农用地不能直接进行开发建设,需要由国家行政机关先征收为建设用地,土地被征收后,所有权从农民集体转移给国家。国家为了公共利益的需要,有权按照法定程序强制征收农民集体所有土地,并根据补偿标准一次性给予被征地者一定的货币补偿和人员安置。

(二) 拆 迁

拆迁是在项目开发建设前,拆除原有建设用地范围内的房屋和附属物,并将该范围内的单位和居民重新搬迁安置,同时对其所受损失予以补偿的法律行为。拆迁工作应由取得拆迁许可的单位实施,其拆迁活动必须依照城市建设规划要求和政府所批准的用地文件,搬迁补偿行为也必须遵循法律法规的要求。

(三) 红线图

红线图是建设管理部门审批用地范围时,在地图上用红线标出的用地范围,根据用途的不同,有征地红线图、用地红线图、建筑红线图等。征地红线图,标明征用土地的范围;用地红线图,标明建设用地的范围;建筑红线图中的红线也叫建筑控制线,是拟建建筑的边界线。

(四) 土地招拍挂制度

土地招拍挂制度是国有土地出让的方式之一,是招标、拍卖、挂牌交易的简称。国有土地出让有两种方式:协议方式和招拍挂方式。《物权法》《招标拍卖挂牌出让国有建设用地使用权规定》(国土资源部令第39号)对招标、拍卖、挂牌出让土地的范围、流程等作出了规定,在规定范围内的国有土地的地表、地上或者地下设立国有建设用地使用权的,实施招标、拍卖、挂牌交易制度。招拍挂制度旨在促进土地的公开交易,引导市场有序发展。土地出让的招拍挂交易由市、县人民政府土地行政主管部门组织实施,负责发出招拍挂的公告,接受参与者报名,提交保证金、资信证明等各项资料,以及组织招拍挂的具体程序。招标、拍卖、挂牌交易的操作流程虽然不同,但都体现了竞争性交易、价高者得的市场交易理念。

二、征地拆迁管理主要法律依据

(一)《物权法》

2007年3月16日,《物权法》经第十届全国人民代表大会第五次会议通过,自2007年10月1日起施行。《物权法》共5编19章247条,内容包括总则、所有权、用益物权、担保物权、占有以及附则。该法旨在维护国家基本经济制度,维护市场经济秩序,明确物的归属,保护权利人的物权,其中第十二章是对建设用地使用权的规定。

(二)《土地管理法》

1986年6月25日,《土地管理法》经第六届全国人民代表大会常务委员会第十六次会议审议通过,自1987年1月1日起实施。此后,该法又经过了3次修改,最近一次修改根据2004年8月28日第十届全国人民代表大会常务委员会第十一次会议《关于修改〈中华人民共和国土地管理法〉的决定》修正。该法律共8章86条,内容包括总则、土地的所有权和使用权、土地利用总体规划、耕地保护、建设用地、监督检查、法律责任、附则。《土地管理法》旨在加强土地管理,保护、开发土地资源,合理利用土地和保护耕地。

(三)《土地管理法实施条例》

1991年1月4日,国务院发布《土地管理法实施条例》(国务院令第256号),自1991年1月1日起实施,此后经过两次修正,最近一次在2014年7月29日根据《国务院关于修改部分行政法规的决定》修正。该条例共8章46条,内容与《土地管理法》相对应,是对《土地管理法》的进一步补充和细化,更具备可操作性。

(四)《国有土地上房屋征收与补偿条例》

2011年1月21日,国务院发布并施行《国有土地上房屋征收与补偿条例》(国务院令第590号)。该条例共5章35条,内容包括总则、征收决定、补偿、法律责任和附则。该条例的出台,目的在于规范国有土地上房屋征收与补偿活动,维护公共利益,保障被征收房屋所有权人的合法权益,确保公平补偿被征收房屋的所有权人。

（五）《国务院关于深化改革严格土地管理的决定》

2004年10月21日，国务院下发了《国务院关于深化改革严格土地管理的决定》（国发〔2004〕28号）。该决定共5大部分25条，内容包括严格执行土地管理法律法规，加强土地利用总体规划、城市总体规划、村庄和集镇规划实施管理，完善征地补偿和安置制度，健全土地节约利用和收益分配机制，建立完善耕地保护和土地管理的责任制度。决定的出台是为了完善土地管理制度，严格控制建设用地增量，努力盘活土地存量，强化节约利用土地。

（六）《建设用地审查报批管理办法》

1999年3月2日，国土资源部发布《建设用地审查报批管理办法》（国土资源部令第3号），此后经过两次修订，最近一次是2016年11月25日，根据《国土资源部关于修改〈建设用地审查报批管理办法〉的决定》，自2017年1月1日起施行。该办法共24条，目的在于加强土地管理，规范建设用地审查报批工作。

（七）《关于完善征地补偿安置制度的指导意见》

2004年11月3日，国土资源部下发《关于完善征地补偿安置制度的指导意见》（国土资发〔2004〕238号）。该意见共4部分14条，内容包括征地补偿标准、被征地农民安置途径、征地工作程序、征地实施监管。该意见的出台是为了促进合理利用土地，保护被征地农民合法权益，维护社会稳定。

（八）《关于贯彻执行〈中华人民共和国土地管理法〉和〈中华人民共和国土地管理法实施条例〉若干问题的意见》

1999年9月17日，国土资源部颁布《关于贯彻执行〈中华人民共和国土地管理法〉和〈中华人民共和国土地管理法实施条例〉若干问题的意见》，就贯彻执行《土地管理法》和《土地管理法实施条例》中的若干问题提出意见，共6部分，内容包括土地登记，城市建设用地范围内现有建设用地的审批，城市和村庄、集镇建设用地范围内分批次办理农用地转用的报批，在已批准的农用地转用范围内具体建设项目用地的审批，征用土地的安置补助费标准的确定，土地整理新增耕地面积60%的折抵。

（九）《招标拍卖挂牌出让国有建设用地使用权规定》

2007年9月21日，《招标拍卖挂牌出让国有建设用地使用权规定》（国土资源部令第39号）经国土资源部第3次部务会议审议通过并发布，自2007年11月1日起施行。该规定共28条，旨在规范国有建设用地使用权出让行为，优化土地资源配置，建立公开、公平、公正的土地使用制度。

三、征地拆迁费用的内容

（一）征地补偿费用的内容

征地补偿费用包括土地补偿费、安置补助费、地上附着物补偿费、青苗补偿费和其他补偿费。征地补偿费用标准与土地所处地区的经济发展情况、征地用途有很大关系。土地补偿费是补偿土地所有者在土地上的投入和收益的损失；安置补助费是补偿农业人口以土地为主要生活来源，因失去土地造成的生活困难，而给予的补助费；青苗补偿费，是补偿土地上生长的农作物，如水稻、小麦、玉米、蔬菜等的损失；地上附着物补偿费，是补偿土地上的各种地上建筑物、构建物，如房屋、道路、管线、水井、水渠等拆迁和恢复费用以及被征收土地上林木的补偿或者砍伐费用；其他补偿费，是补偿除以上四项费用之外，指因征收土地给征地的农民造成的其他方面的损失，如水利设施恢复费用、误工费、搬迁费、基础设施恢复费用等。

（二）房屋征收补偿费的内容

房屋征收补偿费包括被征收房屋价值补偿，因征收房屋造成的搬迁、临时安置补偿，因征收房屋造成的停产停业损失补偿。房屋征收补偿价值由具有资质的房地产价格评估机构按照房屋征收评估办法评估确定，不得低于房屋征收决定公告之日被征收房屋类似房地产的市场价格。

第二节　征地拆迁管理主要工作与存在的问题

一、征地拆迁管理主要工作

征地由市、县级人民政府房屋征收部门组织实施，由国务院或省（自治区、直辖市）人民政府批准。征地应符合公共利益的需要，如用于国防和外交设施建设，能源、交通等基础设施建设，科技、文化、教育、环境和资源保护等公共事业的建设，保障性安居工程的建设，旧城改造，等。

（一）报批前程序

1. 发布预征公告

在征地依法报批前，当地国土资源部门应将拟征地的用途、位置、补偿标准、安置途径等征收方案，以书面形式告知被征地农村集体经济组织和农户，即发布预征公告。在告知后抢栽、抢种的农作物或抢建的建筑物不列入补偿范围。征收前应当进行社会稳定风险评估，制订化解风险的预案，避免造成不良社会影响。

2．现状调查及权属确认

土地行政主管部门应对拟征土地现状开展调查，调查内容包括权属、地类、面积以及地上附着物权属、种类、数量等，调查结果应经征地农村集体经济组织和农户确认。必要时国土资源部门应当组织听证，广泛征求被征收者的意见，被征地农民知情、确认的有关材料是征地报批的必备材料。

3．组织征地听证

在征地依法报批前，当地国土资源部门应向被征地农村集体经济组织和农户发布听证告知书，组织征地听证，并将制定征地补偿标准、安置途径的依据向听证的农民出示并作出说明。如果被征地农民对拟定的补偿标准和安置途径有异议，可以提出合理建议，征地机关应考虑重新变更补偿标准、安置途径。听证机关应将听证过程作好笔录，作为报批时的必备材料。

4．上报征地材料

市、县国土资源行政主管部门拟定农用地转用方案、补充耕地方案、征收土地方案和供地方案，编制建设用地呈报说明书，提交同级人民政府审核同意后，由同级人民政府正式行文上报，上报时应出具说明材料，内容为征地补偿标准合法性，安置方案的可行性，以及妥善安置被征地农民生产生活的保障措施。如果被征地农民对征地提出意见较多，还应说明对意见的采纳情况。征收土地方案的内容是征收土地的范围、种类、面积、权属，土地补偿费和安置补助费标准，需要安置人员的安置途径，等；建设项目用地呈报说明书的内容是用地安排情况、拟使用土地情况等。

（二）征地的批准程序

在我国，市、县人民政府无权批准征收土地，征地必须报国务院或省（自治区、直辖市）人民政府批准。市县人民政府上报的征地材料应提交省（自治区、直辖市）国土资源厅（局）审核，经审核后征地材料齐全、征地程序合法、征地补偿标准符合法律规定、安置方案已经确认，市、县人民政府已经出具说明材料的，由国土资源厅（局）报请省级人民政府审批。根据规定应报国务院批准的，由省（自治区、直辖市）人民政府审查后报请国务院批准，国土资源厅（局）将征地材料报送国土资源部审查。征地经国务院或省级人民政府批准后，省国土厅或国土资源部下发征地批准文件。

（三）征地的实施程序

1．发布征地公告和补偿安置方案公告

征地依法经批准后，市县人民政府和市县国土行政主管部门及时发出征收土地公告和征地补偿安置方案的公告。征收土地公告由市县人民政府在收到征地方案批准文件之日起10个工作日内发布，内容包括：征地批准机关、批准文号、批准时间和批准用途；被征用土地的所有权人、位置、地类和面积；征地补偿标准和农业人员安置途径；办理征地补偿登记的期限、地点。补偿安置方案公告由市县国土行政主管部门发布，内容包括：本集体经济组织被征用土地的位置、地类、面积，地上附着物和青苗的种类、数量，需要安置的农业人口的数量；土地补偿费的标准、数额、支付对象和支付方式；安置补助费的标准、数额、支付对象和支付方式；地上附着物和青苗的补偿标准及支付方式；农业人员的具体安置途径；其他有关征地补偿、安置的具体措施。

未获省级人民政府或国务院批准的征地项目，发布预征公告的国土资源管理部门应及时下发书面通知取消原预征公告。

2．举行再次听证会

被征地农民拥有异议权和听证权。被征地农村集体经济组织、农村村民或者其他权利人对征地补偿、安置方案有异议的，或要求举行听证会的，应在以上两个公告发布之日起10个工作日内向市、县人民政府土地行政主管部门提出，市、县人民政府土地行政主管部门应当研究提出的不同意见，如被征收人要求举行听证会的应举行听证会。

相对于预征公告时的听证，这是向被征地人进行的第二次征求意见的必要程序，不能因为举行了预征公告听证而免除第二次程序。

3．办理征地补偿登记

征地补偿登记由当地人民政府土地行政主管部门负责办理。被征地的所有权人和使用权人，应当在公告规定期限内，持土地权属证书、地上附着物产权证明等文件到指定地点办理征地补偿登记。土地权属证书包括集体土地所有权证书、集体土地使用权证书。以有偿方式取得土地使用权或承包经营权的，还应当持土地有偿使用合同或承包经营合同的副本办理征地补偿登记。办理征地补偿登记后列入补偿范围。

4．报批并实施征地补偿安置方案

市、县国土行政主管部门在征地补偿安置方案公告期满当事人无异议或者根据要求对征地补偿安置方案进行完善后，将征求意见后的征地补偿安置方案，连同被征地农村集体经济组织、农村村民或者其他权利人的意见及采纳情况报市、县人民政府批准，并报省级国土行政主管部门备案。

征地补偿安置方案批准后，市县人民政府及时依法组织落实征地补偿安置方案，将征地按照方案及时足额支付补偿费用，没有及时足额支付的，被征地的农村集体经济组织和农民有权拒绝交出土地。对已经及时足额支付补偿费用而被征地的农民拒绝交出土地的，市、县人民政府有权责令限期交出土地。对补偿标准和支付方式等有不同意见的，也应该交出土地，可以通过行政复议、行政诉讼、行政裁决的方式予以解决争议。

（四）拆迁程序

1．取得各项审批文件

建设单位到国家发展改革委等主管部门取得建设工程的立项审批文件，到规划部门办理核发建设用地规划许可证，到国土资源管理部门申请办理国有土地使用权批准文件。

2．制订拆迁计划和拆迁方案

拆迁人对拆迁范围内的地籍情况进行调研和核实，内容包括居民人口情况、房屋建筑情况、耕地情况、辖区内企业情况，全面掌握具体情况，分析拆迁工作中可能会出现的情况及走势，认真研究制订切实可行的拆迁计划和拆迁方案。

3．开设拆迁资金专用账户

拆迁人必须在专业银行开设专门的拆迁资金账户，按照拆迁工作的需要，足额存入拆迁资金，专款专用。

4．办理拆迁许可证

拆迁人书面向拆迁主管部门申请办理拆迁许可证，拆迁人取得拆迁许可证后方可实施拆迁。

5．发布拆迁公告

房屋拆迁主管部门发放拆迁许可证后，应发布《拆迁公告》，公告内容包括：项目名称、拆迁人、拆迁范围、拆迁期限、补偿标准、奖励期限、奖励标准、拆迁补偿安置方案。

6．拆迁冻结

拆迁公告发布后，下列活动停止办理：房屋及其附属物的新建、扩建、改建；房屋买卖、交换、赠予、租赁、抵押、析产、分列房屋租赁户名；改变房屋和土地用途；企业工商登记和事业单位、社会团体法人登记。

7．拆迁评估

选择评估机构，对被拆迁范围内房屋及构筑物进行评估，出具《评估结果报告书》，对拆迁结果进行公示，并组织完成评估结果复核、复估工作。对评估结果有异议的，应组织有关专家对被拆迁房屋进行专家鉴定。

8．签订协议

在公告规定的时限内，拆迁人与被拆迁人应按国家和本地区关于安置、补偿的有关规定在自愿、有偿的基础上签订协议书。协议应明确补偿办法和数额、安置面积和地点、搬迁过渡方式和时限以及违约责任等。对不能达成拆迁协议的，项目拆迁人向拆迁主管部门申请行政裁决；拆迁当事人拒不履行房屋拆迁管理部门依法作出的行政裁决的，由拆迁管理部门申请政府责成有关部门实施强制拆迁。

9．实施拆除

在规定的拆迁期限里，拆迁人按照补偿协议办理补偿后，实施拆除。

二、征地拆迁管理存在的问题

（一）用地手续不合规

用地手续不合规主要表现在：违规批准农用地转为建设用地；征收土地未按规定进行公告和登记，权属确认资料、征地听证笔录资料弄虚作假；市、县人民政府以边报批边占地的方式非法占用农民的土地；经营性用地未办理土地招拍挂出让手续，由相关单位无偿使用；有偿使用或划拨用地改变建设用途未办理相关手续。

（二）征地拆迁补偿资金管理使用违反相关规定

征地拆迁补偿资金管理使用违反相关规定主要表现在：未按照相关规定给予征地补偿；拆迁补偿款被侵占、截留、挪用、滞留；补偿费不到位或拖欠补偿费；虚报申领征地补偿金；违规降低补偿标准。

第三节 征地拆迁管理审计实务工作的重点

一、征地拆迁程序及拆迁管理的审计

征地管理审计时应重点关注下述事项是否按规定实施：有关主管部门的征地工作应该在批准的征地范围内实施，应遵循征地程序，按规定履行征地报批和实施程序；征地手续应当完备，征地审批部门应在规定的权限范围内审批，征地申请和审批部门不能拆分用地面积以规避上一级审批；未经许可不得超批准数量占用土地，不能擅自变更土地用途，征地过程中的相关费用应足额及时交纳。

拆迁管理审计时应重点关注以下事项是否按规定实施：拆迁项目的实施程序应符合有关规定并制定了可行的工作流程；各项工作流程得到严格执行；拆迁工作中涉及的房屋拆迁公司、房地产估价公司等其他相关单位的选定，应履行招投标程序；征地和拆迁单位的内部控制制度应建立、健全并运行有效；参与拆迁项目具体实施的单位及其相关负责人职责应该明确，其内部人员之间能够相互监督、相互制约、相互牵制；

拆迁安置补偿协议按规定的流程签订；拆迁资金的审批流程符合规定，资金按时足额支付给被拆迁人；对拆迁资料进行了清楚的收集、分类、整理和归档。

二、房屋权属的审计

房屋权属的审计重点关注以下事项：房屋分类有住宅和非住宅两类，类别应当正确；房屋所有权性质有直管房、自管房、私房，属性分类应当正确；集体土地上房屋拆迁还需核对分户的真实性、合法性，房屋被拆迁人应明确无误；房屋用途应与证件登记用途或相关证明用途一致。

三、补偿数量的审计

补偿数量的审计重点关注以下事项：被拆迁人补偿面积应该与证件登记面积相一致，无证面积应该由具备测量资质的单位勘测认定，并附正规测绘图及图片资料，无证面积的房屋建造年限认定资料应当齐全；装修评估报告应当附有面积、装修材料数量及金额明细单；以营业执照和纳税记录的面积，与实际用于经营的面积核对；收集核实室内设施相关资料并据实确认；对困难被拆迁人补助，特困补助应当有民政部门的认定证明，残疾补助应当有残联认定证明，等。在核实补偿数量时一般应审阅原件，并在档案复印件资料中注明"原件已核，与复印件无误"，补偿面积与前期调查面积有出入、装修评估超正常时，拆迁代办人员必须及时告知现场审计人员，审计人员必须深入拆迁现场复核，取得图片等证据资料。补偿数量经审计认可后方可对房屋进行拆除。

四、补偿标准的审计

补偿标准的审计重点关注以下事项：根据审计确认的面积对照相关规定、房屋评估价及安置补偿实施方案复核计算所需房屋拆迁补偿款；对从事生产经营活动的，对照安置补偿实施方案复核计算营业补偿；对室内设施补偿费、购房差价补贴、搬家费、过渡费、拆迁奖励等对照安置补偿实施方案复核计算；对装修费的审计，按照评估报告认定金额复核计算；对其他政策性补助依据相关部门规定复核计算。

五、补偿资金支付情况的审计

补偿资金支付情况的审计重点关注以下事项：补偿资金支付的审批程序应当完备，相关证据资料应当齐全，支付给被拆迁人的补偿金额与签订的拆迁补偿协议上的补偿金额应当一致，拆迁补偿款应当支付给相应的被拆迁人，核实被拆迁人银行开户证明及相应的身份证号、存折或银行卡号，应当履行签收手续。

六、征地拆迁资金决算的审计

征地拆迁资金决策的审计重点关注以下事项：土地成本核算应当符合规定，组成成本的各明细项目应当真实合法有效，相关费用开支应当有明确依据，合同约定事项应当真实，取费标准应当符合规定，财务费用核算应当合理；同时，还应当审核安置房的对接情况。

第四节 征地拆迁管理审计案例

一、某国道复线交通征地拆迁工程审计

（一）案例情况及背景材料

2017年A镇组织实施的国道复线交通征地拆迁，涉及征用土地面积80 hm^2，拆除农村房屋3 600 m^2。土地补偿费标准为27元/m^2；农村房屋补偿标准为100～690元/m^2，根据房屋结构形式确定；青苗和地上构（附）着物补偿为27～33元/m^2。本次征地拆迁所涉资金为4 932万元。

（二）审计组织及实施过程

2018年3月E区审计局对该A镇组织实施的国道复线交通征地拆迁进行审计。

1．审计组为了解项目概况查阅的资料

（1）项目的立项报告、可行性研究报告等前期相关文件及其批复。
（2）项目法人的基本概况及其部门分工、管理。
（3）征地拆迁规模、采取的工作方式、方法等情况。
（4）征地拆迁费用支付情况。

在了解当地政策后，与征地拆迁负责人详细交换意见，了解征地拆迁过程中发生的个案及处理情况。

2．现场审计所做的工作

（1）数据复核。

在征地拆迁过程中，征地费用和拆迁费用的基础描述表是计价的最原始基础资料，是现场实际情况的记录、费用计算的基础，也是审计的重点。

审计人员通过对拆迁前后的国土卫星地图进行对比、面积计算，查看附着物的描

述等是否细致、正确、合理,各种分类是否准确;复核汇总数据是否准确;复核补偿费用计价是否准确,是否严格执行计价标准,特殊的个案处理是否合理、有无严密的描述;依据工程所在地人民政府的补偿政策、标准,计算补偿费用并与上报资料对比,认真分析差异原因。

(2)现场抽查。

审计组通过现场抽查结果,基本掌握了征地拆迁实施过程,征地人员操作过程,个案处理的步骤、方法等情况;通过与工程所在地负责征地拆迁工作的相关部门座谈,了解拆迁部门的指导意见、征地拆迁概况、个案处理等具体情况;向工程所在地专项负责此项工作的有关人员了解征地拆迁全过程的实施细节;以点带面详细抽查土地、房屋现状的实际情况,面积的丈量、地类的划分、附着物的描述等是否准确、真实、完整;仔细认真地询查被征拆迁物的操作过程、数据等的公示情况,以及公众反馈意见。

(3)交换意见。

审计组主要就现场抽查中的一些疑问,向工程所在地A镇征地拆迁负责人或当事人咨询,以及询问被审计单位征地负责人操作细则。

现场抽查涉及的面较广,在抽查工作完成之后,对于有疑问的部分,审计组及时继续现场复查,得到圆满结果反馈于被审计单位。

(三)发现问题及定性依据

专业技术测量发现问题:审计组组织专业测绘公司,对该镇国道交通征地拆迁前后卫星地图进行分析,发现实际土地征用面积比登记的土地面积小、房屋面积与实际不符,因此约谈具体经办人员。在事实面前,张某、赵某、朱某、刘某承认了以篡改档案、虚构房屋拆迁档案、虚增房屋面积和构筑物等方式,骗取拆迁资金的事实,并牵连出其他受贿线索。

张某等人在2017年A镇国道复线交通征地拆迁工作中,伙同赵某、A镇经发办工作人员朱某、建管所工作人员刘某等人利用职务之便,共同收受被拆迁户贿赂共计40万元;张某还单独收受搬迁公司贿赂3万元。几人还通过篡改档案、虚构房屋拆迁档案、虚增房屋面积和构筑物等方式,骗取拆迁补偿金24万余元。

《E区征地拆迁管理暂行办法》规定:"对征地工作中出现玩忽职守、滥用职权、徇私舞弊,或损害群众、企事业单位、农村集体经济组织合法权益的行为,要追究直接责任人和相关领导的责任。对构成犯罪的,要移交司法机关依法处理。" 张某、赵某、朱某、刘某的行为造成了国有资金流失,作为公职人员骗取拆迁资金是严重贪污行为,贪污、受贿已触犯刑法。

(四)审计建议及处理结果

针对上述问题,E区审计局建议A镇政府:明确征地拆迁标准,加强前期征地拆迁政策宣传，让群众清楚知情权、监督举报权，补偿资金的支付应公开透明；加强单位内控制度建设，加强廉政建设，召开关于本案的警示教育大会，并将发现的违法线索移交纪检监察部门处理。

经立案查实，张某贪污6万元、受贿13万元，赵某、朱某、刘某各贪污6万元、受贿10万元，被区检察院以贪污、受贿罪提起公诉。经区人民法院最终判决：张某以贪污罪，判处有期徒刑5年，以受贿罪，判处有期徒刑2年零6个月，并处罚金人民币35万元；数罪并罚决定执行有期徒刑7年，并处罚金人民币35万元。赵某、朱某、刘某以贪污罪、受贿罪，判处有期徒刑5年零6个月，并处罚金人民币30万元。

（五）总结与启示

征地拆迁管理工作关系到辖区经济发展的用地保障和被征地农民的切身利益。通过本次审计，我们发现征地拆迁中损害农民利益和造成国有资金流失的问题比较严重，因此提出以下完善征地拆迁管理工作的相关对策和建议：

（1）针对征地程序履行不到位问题，建议完善征地程序，增强工作透明度。

（2）针对经济作物抢栽现象，建议制定果树征地拆迁补偿的最高限额标准制度。

（3）针对征地丈量及补偿核算不透明公开的问题，建议推行"集体复评"监督新举措。现场评估时对土地、房屋及地面附属物进行全面拍照，再由纪检部门、国土部门、乡镇政府以及村民代表等组成集体评估小组，召开复评会议，回放拆迁影像，逐宗进行集体复评。全程做好记录，形成最终评估结论，并将评估结果及时在政府公共网站、村民委员会公开栏等处公告公示。

（4）建立内外监督机制。征地拆迁工作内部监督方面：在对被征迁房屋的丈量及附属物登记过程中要求各相关人员分工具体、责任到位，按照分工责任要求在登记资料上签名确认，并将当天的外业资料立即归档、复印，由专人保管。提供的复印件交由内业人员计算、评估。原件数据的复核与纠正必须按表格设计的要求，经现场有关人员见证同意后方可修改纠正。

二、某区火车站综合改造工程审计

（一）案例情况及背景材料

W市进行S区火车站综合改造工程，涉及拆迁房屋1 128户（含住宅、商业），拆迁房屋总面积163 200 m²，房屋征收补偿资金21.78亿元。征地拆迁工作于2015年3月开始，W市交通枢纽公司统一购买商品房作为S区火车站综合改造工程房屋征收住户的安置房源，非住宅拆迁部分通过货币补偿。截至2015年12月底，通过司法程序强制拆迁9户和法律诉讼程序拆迁4户，共计13户。其他住户均通过签订协议正常拆迁。

（二）审计组织及实施过程

2016年6月W市审计局对S区火车站综合改造工程征地拆迁进行专项审计。审计组成立财务审计小组、拆迁审计小组。财务审计小组主要对交通枢纽公司本项目部的资产负债情况、资金运作情况、财务管理进行审计，重点关注资金使用是否合规，拆迁补偿资金的兑现是否与拆迁协议一致。拆迁审计小组主要审查是否徇私，对拆迁户分户和扩大面积是否随意认定，是否有违反政策认定标准扩大补偿金额、重复补偿等行为。

审计组要求建设单位提供拆迁安置协议书、被拆迁人的身份与户籍信息、拆迁房屋所有权证与土地证、房屋测绘图与面积计算、房屋评估报告等事项。在审查拆迁档案时，审计组重点关注拆迁协议中拆迁安置补偿费、房屋搬迁补偿费、临时安置补偿费、营业补偿费、无证房及历史遗留房补偿费、房屋装修补偿费、附属设施补偿费的计算及认定。

因在以往的拆迁补偿项目审计中，发现有违反政策规定混淆标准补偿的情况以及虚假拆迁房屋的情况，所以审计组对这方面给予了重点关注。

审计组调阅了拆迁时间前6个月的航拍地籍图，对房屋的真实性进行确认，并找到参与拆迁的工作人员进行全过程调查了解。

（三）发现问题及定性依据

审计组通过多方面、多渠道查清了以下事实：

（1）有15户在拆迁前的6个月内扩大建筑面积，建设单位予以认可，违反了《W市城市房屋拆迁管理实施办法》中"拆迁前6个月内建设的建筑面积不予认可"的规定。

（2）将工业用房按商业门面的标准进行补偿，随意提高补偿标准，涉及多支付补偿款1 280万元。

（3）某国有企业房屋整体办理了房屋产权证后，拆迁过程中人为分户并套取室内设施补偿费、过渡费等行为，涉及金额860万元。

审计组找建设单位相关人员谈话时，他们均不认可审计结果。当审计组将航拍地籍图、相关人员的取证记录等证据拿出来时，面对铁的事实，他们放下了傲慢的态度，承认了自己工作中的疏忽和错误。

（四）审计建议及处理结果

审计组认为，出现上述问题，主要原因是建设单位内部对拆迁补偿的程序、制度管理不完善，导致具体操作人员弄虚作假，套取国家资金，存在责任风险的问题。对于弄虚作假涉嫌贪污犯罪的线索，审计组移交给司法部门，经审理查明，对相关涉案的拆迁户、办事人员、领导干部分别给予3~5年有期徒刑，并处罚金30万元~100万元不等的罚款。

（五）总结与启示

征地拆迁问题是当前我国社会发展必然面对的问题，涉及面广且敏感，同时又是腐败问题的高发区。如何通过审计规范国有资金使用，为国家挽回损失，是审计人员应深入思考、不断总结的问题。通过本项目的审计，审计组成员又得到了很大提高，在以后的征地拆迁项目审计中应注意掌握以下几点：

（1）熟悉国家、地方关于征地拆迁的法律、法规。

（2）仔细分析过程资料，从前期资料、过程资料以及外围资料中找出对应关系，如有异常应重点排查。

（3）从细微处发现重点，从数据、档案中找审计疑点。

第四章
工程勘察设计管理审计与案例

第一节 工程勘察设计管理概述

一、工程勘察设计管理关键词

（一）工程勘察

工程勘察由具有勘察资质的单位完成。在工程开工前应当查明工程建设地点的地形地貌、土层土质、岩性、地质构造、水文条件和各种自然地质现象，目的是为建设工程项目选址、规划、设计、施工及综合治理提供科学、可靠的依据和所需的基础资料。勘察单位为了取得上述基础资料，需要进行测量、测绘、测试、观察、地质调查、勘探、试验、鉴定、研究和综合评价工作。建设工程勘察是根据建设工程的要求，查明、分析、评价建设场地的地质地理环境特征和岩土工程条件，编制建设工程勘察文件的活动。

（二）工程设计

工程设计以工程勘察成果为基础，是根据设计任务书的要求，对建设工程所需的技术、质量、经济、资源、环境等条件进行综合分析、论证，编制建设工程设计文件的活动。根据专业的不同，工程设计分为建筑设计、结构设计、建筑电气设计、给水排水设计、供暖通风与空气调节设计、热能动力设计、建设智能化等。

1. 建筑设计

建筑设计主要是根据建设单位提供的任务书，在满足总体规划的前提下，对地基环境、建筑功能、材料设备、结构布置、建筑施工、建筑经济和建筑形象等方面做全面的综合分析，提出建筑设计方案，并将此方案绘制成建筑设计施工图。建筑设计强调创作的美观、新颖、标新立异，强调创作的最大自由度。

2. 结构设计

工程结构是建筑物和构筑物中，以建筑材料制成的各种承重构件如基础、梁、板、柱等，相互连接成的一定形式的组合体，是建筑物和构筑物的骨架，是建筑使用安全的重要保证。结构设计是在建筑设计的基础上根据力学原理选择结构方案，确定结构类型，进行结构计算与结构设计，最后完成结构施工图的活动。

3．建筑电气、给水排水等专业设计

建筑电气、给水排水、消防、燃气、采暖通风、通信、动力等专业设计，主要内容是确定系统或设备的技术指标、设备或材料选型、施工要求和注意事项并完成相应的施工图设计。

4．专项设计

专项设计主要包括：建筑幕墙中的玻璃幕墙、金属幕墙、石材幕墙等工程的设计，基坑与边坡工程设计，建筑智能化设计，预制混凝土构件加工图设计，等。

（三）设计任务书

设计任务书又称计划任务书，是确定建设项目及其建设方案，包括建设规模、建设依据、建设布局和建设进度的重要文件，是编制设计文件的主要依据。设计任务书是对可行性研究报告中最佳方案作进一步的实施性研究，并在此基础上形成的制约建设项目全过程的指导性文件。设计任务书的主要内容有：建设目的和意图；建筑功能、面积指标、房间的布局计划；建筑设备及装修标准、水电暖气等外网工程的基础条件和技术要求；建筑的艺术形象和风格要求、总投资的限额；设计进程和时限的具体要求；等。

（四）施工图设计文件

施工图设计文件是具有法律效力的技术文件。施工图设计文件用于表示建筑物的内部布置情况、外部形状以及装修、构造、施工要求等内容的有关图纸；在施工过程中，施工图设计文件是备料和施工的依据；工程竣工时，要按照施工图设计文件的要求进行质量检查和验收，并以此评价工程质量优劣；施工图设计文件还是编制工程概算、预算和决算及审核工程造价的依据。施工图设计文件包含设计合同所要求的所有专业的设计图纸，主要有图纸目录、说明、设备材料表、总平面图、建筑专业设计文件、结构专业设计文件、建筑电气和给水排水等专业设计文件、施工图预算文件等。各专业设计图纸又包括图纸目录、工程概况、设计依据、平面图、立面图、剖面图、详图、计算书等。

（五）容积率

容积率是一定地块内总建筑面积与建筑用地面积的比值。计算建筑物的总建筑面积时，通常不包括±0.000以下的地下建筑面积。建筑面积是建筑物各层水平面积的总和，各层水平面积是指建筑外墙勒脚以上外围水平面积。容积率越小，表明舒适度越高。

二、工程勘察设计管理主要法律依据

（一）《建设工程勘察设计管理条例》

2000年9月25日，国务院发布并施行《建设工程勘察设计管理条例》（国务院令第293号）。此后，经过两次修改，最近一次以国务院令第687号修改，自2017年10月7日起施行。条例共7章46条，内容包括总则、资质资格管理、建设工程勘察设计发包与承包、建设工程勘察设计文件的编制与实施、监督管理、罚则和附则。条例旨在加强对建设工程勘察、设计活动的管理，保证建设工程勘察、设计质量，保护人民生命和财产安全。

（二）《建设工程勘察质量管理办法》

2002年12月4日，建设部发布《建设工程勘察质量管理办法》（建设部令第115号），自2003年2月1日起施行。此后，于2007年11月22日以建设部令第163号修改并实施。该办法共5章29条，内容包括总则、质量责任和义务、监督管理、罚则和附则。制定该办法的目的在于加强对建设工程勘察质量的管理，保证建设工程质量。

（三）《建设工程勘察设计资质管理规定》

2007年6月26日，建设部发布《建设工程勘察设计资质管理规定》（建设部令第160号），自2007年9月1日起施行。该规定共6章40条，内容包括总则、资质分类和分级、资质申请和审批、监督与管理、法律责任和附则。该规定出台的目的是加强对建设工程勘察、设计活动的监督管理，保证建设工程勘察、设计质量。

（四）《工程设计资质标准》

2007年3月29日，建设部发布并实施《工程设计资质标准》（建市〔2007〕86号）。该标准内容共4部分，包括总则、标准、承担业务范围和附则。另有6个附件：工程设计行业划分表、各行业工程设计主要专业技术人员配备表、建设项目设计规模划分表、各行业配备注册人员的专业在未启动注册时专业设置对照表、建筑工程设计事务所资质标准、工程设计专项资质标准。

（五）《建设工程勘察设计资质管理规定实施意见》

2007年8月21日，建设部发布并实施《建设工程勘察设计资质管理规定实施意见》（建市〔2007〕202号），该意见共7部分46条，内容包括资质申请条件、申报材料、资质受理审查程序、资质证书、监督管理、关于《工程设计资质标准》的有关说明、过渡期有关规定等。该意见发布的目的是保证实施《建设工程勘察设计资质管理规定》（建设部令第160号）和《工程设计资质标准》（建市〔2007〕86号）。

（六）《工程勘察资质标准》

2013年1月21日，住房和城乡建设部发布并实施《工程勘察资质标准》（建市〔2013〕9号），内容包括4部分：总则、标准、承担业务范围和附则。另有3个附件：工程勘察行业主要专业技术人员配备表、工程勘察主要技术装备配备表、工程勘察项目规模划分表。

（七）《实施工程建设强制性标准监督规定》

2000年8月25日，建设部发布并实施《实施工程建设强制性标准监督规定》（建设部令第81号），根据2015年1月22日《住房和城乡建设部关于修改〈市政公用设施抗灾设防管理规定〉等部门规章的决定》（住房和城乡建设部令第23号）修订。该规定共24条，内容包括强制性标准的界定、各级主管部门职责划分、其他主管单位和部分的职责、监督检查的内容及要求、违反规定的处罚等。该规定的出台是为了加强对工程建设强制性标准实施的监督，保证建设工程质量，保障人民的生命、财产安全，维护社会公共利益。

（八）《房屋建筑和市政基础设施工程施工图设计文件审查管理办法》

2013年4月27日，住房和城乡建设部发布《房屋建筑和市政基础设施工程施工图设计文件审查管理办法》（住房和城乡建设部令第13号），自2013年8月1日起施行。该办法共31条，内容包括各级主管部门职责划分、审查机构业务范围分类、各类审查机构应具备的条件、审查内容、时限要求、审查结果处理、主管部门对审查机构监督管理职责以及违反规定的处罚等。该办法发布的目的是加强对房屋建筑工程、市政基础设施工程施工图设计文件审查的管理，提高工程勘察设计质量。

（九）《建筑工程设计文件编制深度规定》

2016年11月17日，住房和城乡建设部发布《建筑工程设计文件编制深度规定（2016年版）》（建质函〔2016〕247号），自2017年1月1日起施行。该规定共6大部分，内容包括总则、方案设计、初步设计、施工图设计、专项设计以及条文说明。该规定的出台是为了加强对建筑工程设计文件编制工作的管理，保证各阶段设计文件的质量和完整性。

三、工程施工图的识读

建设工程施工图的专业较多，有建筑施工图、结构施工图、电气施工图、给水排水施工图等。施工图纸绘制是按照光学投影原理，将拟建工程的各个面，绘制成平面图、立面图、剖面图以及构造详图，给水排水施工图还会有系统轴测图。识读施工图需要有一定的空间想象力，将绘制在平面上的图纸结合起来，想象出其空间构造。由于BIM（建筑信息模型）的应用，电脑已经可以事先制作出立体的建筑模型，帮助识读图纸。识读图纸的方法可以按照图纸目录的顺序，首先阅读设计说明，再从整体到局部，由粗及细地逐项识读。识读图纸设计说明可以全面了解工程概况，如图纸编制单位、工程名称、设计编号和编制日期、主要技术经济指标等。识读总平面图，可以了解拟建工程与原有建筑物的平面位置关系，场地周围道路、绿化情况，场地范围的测量坐标，道路红线、建筑控制线、用地红线等的位置，建筑朝向、所在区域的风向，等。识读平面图，可以了解各专业工程的平面布局及尺寸、所用材料、施工要求及做法等。识读立面图，可以了解各专业工程的立面布局及尺寸、所用材料、施工要求及做法等。识读剖面图，可以了解建筑内部构造、所用材料、详细尺寸和做法。识读工程详图，可以了解工程细部节点的详细构造、所用材料、尺寸和做法。

四、工程勘察设计单位的资质等级

（一）工程勘察资质

工程勘察资质分为工程勘察综合资质、工程勘察专业资质、工程勘察劳务资质。

工程勘察综合资质只设甲级；工程勘察专业资质设甲级、乙级，根据工程性质和技术特点，部分专业可以设丙级；工程勘察劳务资质不分等级。

取得工程勘察综合资质的企业，可以承接各专业（海洋工程勘察除外）、各等级工程勘察业务；取得工程勘察专业资质的企业，可以承接相应等级相应专业的工程勘察业务；取得工程勘察劳务资质的企业，可以承接岩土工程治理、工程钻探、凿井等工程勘察劳务业务。

（二）工程设计资质

工程设计资质分为四个序列，包括工程设计综合资质、工程设计行业资质、工程设计专业资质和工程设计专项资质。

工程设计综合资质只设甲级。工程设计行业资质和工程设计专业资质设甲、乙两个级别；根据行业需要，建筑、市政公用、水利、电力（限送变电）、农林和公路行业可设立工程设计丙级资质，建筑工程设计专业资质设丁级。建筑行业根据需要设立建筑工程设计事务所资质。工程设计专项资质可根据行业需要设置等级。

取得工程设计综合资质的企业，可以承接各行业、各等级的建设工程设计业务；取得工程设计行业资质的企业，可以承接相应行业相应等级的工程设计业务及本行业范围内同级别的相应专业、专项（设计施工一体化资质除外）工程设计业务；取得工程设计专业资质的企业，可以承接本专业相应等级的专业工程设计业务及同级别的相应专项工程设计业务（设计施工一体化资质除外）；取得工程设计专项资质的企业，可以承接本专项相应等级的专项工程设计业务。

第二节 工程勘察设计管理主要工作与存在的问题

一、工程勘察设计管理主要工作

设计阶段按现行规定分为方案设计、初步设计和施工图设计三个阶段。

（一）初步设计的编制与审批

建设单位应根据可行性研究报告审批意见委托或通过招标投标择优选择有相应资质的设计单位编制初步设计文件、初步设计概算。承担项目设计单位的设计水平应与项目大小和复杂程度相一致。按现行规定，工程设计单位资质等级如前所述，低等级的设计单位不得越级承担工程项目的设计任务。设计必须有充分的基础资料，基础资料要准确；设计所采用的各种数据和技术条件要正确可靠；设计所采用的设备、材料和所要求的施工条件要切合实际；设计文件的深度要符合建设和生产的要求。

初步设计文本完成后，政府投资项目应由建设单位自行组织技术方案审查，并报主管部门审查、审批；非政府投资项目应报上级单位审查、审批。初步设计文件经批准后，总平面布置、主要工艺过程、主要设备、建筑面积、建筑结构、总概算等不得随意修改、变更。

（二）施工图设计的编制与审批

建设单位应通过招标、比选等方式择优选择有资质的设计单位进行施工图设计。施工图设计的主要内容是根据批准的初步设计，绘制出正确、完整和详尽的建筑安装工程图纸。其设计深度应满足建筑安全、工程施工、设备材料的安排和非标设备的制作、安装等要求。无论是政府投资还是非政府投资项目，施工图设计均报建设行政主管部门审查。

二、工程勘察设计管理存在的问题

（一）工程勘察设计单位资质不符合要求

在确定勘察设计单位的过程中，不严格执行招投标制度，对应该招标的项目，直接确定勘察设计单位，在招投标环节，对勘察设计单位资质审查不严格，致使其资质不符合工程要求。

（二）工程勘察设计单位违规转、分包

有的勘察设计单位由于任务重或者各种其他原因，将工程的勘察设计工作违规转、分包给不具备资质的单位或个人，是造成勘察设计工作质量不高的重要原因。法律法规对违规转、分包有严格的处罚，《建筑法》第六十七条规定：承包单位将承包的工程转包的，或者违反本法规定进行分包的，责令改正，没收违法所得，并处罚款，可以责令停业整顿，降低资质等级；情节严重的，吊销资质证书。承包单位有前款规定的违法行为的，对因转包工程或者违法分包的工程不符合规定的质量标准造成的损失，与接受转包或者分包的单位承担连带赔偿责任。《建设工程质量管理条例》第六十二条规定：违反本条例规定，承包单位将承包的工程转包或者违法分包的，责令改正，没收违法所得，对勘察、设计单位处合同约定的勘察费、设计费百分之二十五以上百分之五十以下的罚款；对施工单位处工程合同价款百分之零点五以上百分之一以下的罚款；可以责令停业整顿，降低资质等级；情节严重的，吊销资质证书。《建设工程勘察设计管理条例》第三十九条规定：违反本条例规定，建设工程勘察、设计单位将所承揽的建设工程勘察、设计转包的，责令改正，没收违法所得，处合同约定的勘察费、设计费25%以上50%以下的罚款，可以责令停业整顿，降低资质等级；情节严重的，吊销资质证书。

（三）工程勘察设计合同条款不严密

勘察设计合同应该严格约束勘察设计单位对工作质量应承担的责任，并约定经济处罚措施，否则当勘察设计工作质量不高，如设计变更多、现场配合不及时等，造成工程造价增加、工期及质量受影响时，双方往往因为合同约定不明发生争议，建设单位对其提出的索赔不能得到及时处理。

（四）工程勘察设计工作质量不高

勘察工作量不足，判断不准确，使得设计与施工现场实际地形地貌地质情况不符，造成后期设计变更量大。设计图纸质量不高，审查不严格，存在图纸不完整、设计错误、设计遗漏、不同专业设计之间碰撞矛盾等问题，造成后期工程变更多，工程造价增加；有的工程设计文件缺少针对性的工程施工措施或无相关施工要求，造成现场施作随意，安全质量难以保证。

（五）边勘察、边设计、边施工

《建设工程质量管理条例》第五条规定：从事建设工程活动，必须严格执行基本建设程序，坚持先勘察、后设计、再施工的原则。县级以上人民政府及其有关部门不得超越权限审批建设项目或者擅自简化基本建设程序。《建设工程勘察设计管理条例》第四条规定：从事建设工程勘察、设计活动，应当坚持先勘察、后设计、再施工的原则。当前，仍然有工程为了赶时间进度，边勘察、边设计、边施工。

（六）变更设计管理不规范

变更设计应按规定的程序执行。当前，有的工程施工现场设计配合机构变更设计时不按照相关管理办法规定程序执行，变更设计文件资料归档和留底不及时，以会议纪要、设计联系单等代替正式变更设计通知单,变更设计缺少图纸,或者提供变更图纸不及时,影响工程施工进度。

(七)设计单位现场配合不良

施工现场设计配合工作是勘察设计工作的重要组成部分。设计单位为保证重难点、高风险和采用新技术工程项目的施工,应坚持设计巡查制度,确保施工过程中各工序严格按设计意图执行。对发现不按设计施工的情况,设计单位应责令施工单位立即改正并向建设单位报告。但当前存在施工现场设计配合机构没有制定设计巡查制度,或者不严格执行巡查制度的情况,给工程建设带来了质量、安全隐患。

第三节　工程勘察设计管理审计实务工作的重点

一、工程勘察设计单位和人员资质资格审计

国家对从事建设工程勘察、设计活动的单位,实行资质管理制度。建设工程勘察、设计单位应当在其资质等级许可的范围内承揽建设工程勘察、设计业务。禁止建设工程勘察、设计单位超越其资质等级许可的范围或者以其他建设工程勘察设计单位的名义承揽建设工程勘察、设计业务。禁止建设工程勘察设计单位允许其他单位或者个人以本单位的名义承揽建设工程勘察、设计业务。国家对从事建设工程勘察、设计活动的专业技术人员,实行执业资格注册管理制度。未经注册的建设工程勘察、设计人员,不得以注册执业人员的名义从事建设工程勘察、设计活动。

这部分审计主要是审查建设工程勘察设计单位是否超越其资质等级许可的范围或以其他建设工程勘察设计单位的名义承揽建设工程勘察设计业务,建设工程勘察设计单位是否存在允许其他单位或个人以本单位的名义承揽建设工程勘察设计业务等问题,审计项目勘察设计人员资质是否满足要求。

二、工程勘察设计招投标及合同管理情况审计

根据规定,建设工程勘察、设计发包依法实行招标发包或者直接发包。招标发包应当依照《招标投标法》的规定实行。发包方不得将建设工程勘察、设计业务发包给不具有相应勘察、设计资质等级的建设工程勘察设计单位。发包方可以将整个建设工程的勘察、设计发包给一个勘察设计单位;也可以将建设工程的勘察、设计分别发包给几个勘察设计单位。除建设工程主体部分的勘察、设计外,经发包方书面同意,承包方可以将建设工程其他部分的勘察、设计再分包给其他具有相应资质等级的建设工程勘察设计单位。建设工程勘察设计单位不得将所承揽的建设工程勘察、设计转包。这部分内容的审计主要是审查勘察设计单位合同是否按照招标投标结果签订,是否存在违规转、分包情况。

三、工程勘察设计文件编制情况审计

这部分内容的审计主要是:审查建设工程勘察设计文件在编制时,是否以项目批准文件、城市规划、工程建设强制性标准和国家规定的建设工程勘察设计深度要求为依据,铁路、交通、水利等专业建设工程是否以专业规范的要求为依据;审查设计规模是否符合已经批准的可行性研究报告,如与可行性研究报告不一致,需说明原因,并增补报告,报请有关主管部门批准,否则,审计机关有权要求设计单位修改设计方案或令其暂停设计;审查设计方案所显示的建筑面积是否与立项时批准的建筑面积相一致,是否存在超规模、超面积、超标准的现象;审计生产工艺和产品方案,在初步设计阶段,应确定产品的生产工艺和生产方案,而对这一部分内容的审计,则表现为对工艺技术的先进性和可行性的审查与比较,通过审计,保证建设工程的生产工作能够顺利进行;审计设计图纸的完整性,以房屋工程为例,一套完整的工程施工图,一般包括建筑施工图、结构施工图、给水排水工程施工图、电气照明工程施工图、暖气通风工程施工图及工业管道工程施工图等主要内容。

四、工程勘察设计费用审计

根据《关于进一步放开建设项目专业服务价格的通知》(发改价格〔2015〕299号)和《关于废止部分规章和规范性文件的决定》(国家发展和改革委员会2016年第31号令),废止了2002年颁发的《工程勘察设计收费标准》。工程勘察设计费用由市场确定:应当招标的设计服务,其设计费用根据设计招投标确定;不需招标的设计由合同双方协商确定。通过设计招标确定设计费用时,建设单位在招标须知当中提出设计服务内容和设计图纸等成果要求,由设计单位自愿报价。设计评标并不仅看设计费用的高低,更重要的评标因素是设计单位的实力水平,对设计项目的理解和设计理念、设计服务配合等。审计设计费用时,主要审计费用是否通过规定程序确定,建设单位对设计费用的内控流程是否建立并有效运行,设计服务内容与费用是否匹配,与现行市场行情相比是否合理。

第四节 工程勘察设计管理审计案例

一、某农转非安置房项目二标段工程审计

(一)案例情况及背景材料

A区政府投资的X农转非安置房项目二标段工程,工程设计内容主要包括3#楼、4#楼、沿街商业楼、主入口门卫室、车库出屋面楼梯间、地下车库范围内的基础工程、主体工程、初装修工程、给排水工程、电气安装工程、暖通工程、预留预埋工程等全

部内容。建筑面积 43 208 m²，由 Y 设计单位进行方案和施工图设计，设计费 100 万元，2015 年 1 月完成了施工图设计。

（二）审计组织及实施过程

2015 年 2 月，建设单位委托 W 公司对 X 农转非安置房项目二标段项目进行施工图审查和优化设计。W 公司组织设计专业人员对 Y 公司设计的施工图进行审计，发现有如下问题：

（1）3#楼、4#楼的钢筋含量偏高，基础标高以上（不含基础）的含钢量为 55 kg/m²，远超一般水平（40 kg/m² 左右）。

（2）车库基础采用筏板基础不经济。

（3）其他设计不合理的部位。

（三）发现问题及定性依据

根据国家建筑设计相关规范，审计组发现如下问题：

（1）楼梯平台或梯段净高不符合国家规范"梯段净高≥2.2 m、平台净高≥2.0 m"的规定。

（2）车库设计不合理。

① 车道宽度过宽，双车道宽达 8 m，单车道宽达 5 m；而国家规范双车道仅为 5.5 m，单车道为 3 m。

② 标准停车位尺寸偏小，国家规范规定的水平停车位尺寸为 2 400 mm × 6 000 mm，而设计停车位尺寸为 2 300 mm × 5 500 mm。

③ 地下车库柱间距偏小，国家规定的 1 车、2 车、3 车的柱间距分别为 2 400 mm、4 800 mm、7 200 mm，而设计柱间距 2 车、3 车的柱间距为 4 700 mm、7 100 mm。

④ 3#楼、4#楼的钢筋含量偏高，经重新计算优化，将钢筋指标降低到 42 kg/m²，节约投资约 200 万元。

⑤ 车库基础采用筏板基础不经济，结合地勘报告，将基础形式改为独立基础，节约投资约 180 万元。

（四）审计建议及处理结果

针对上述问题，审计组约谈了设计单位相关人员，出现上述问题的原因为：

（1）设计人员对国家建筑设计相关规范不熟悉。

（2）在设计过程中未关注设计的经济性和合理性。

（3）公司内部设计质量管理形同虚设，人员技术水平不足。

由于还未投入实际施工，未造成较大损失，审计组责令设计单位改正设计图纸中的错误，优化设计，做到经济、合理设计。同时，设计单位人员加强技术规范的学习，设计单位内部加强设计质量内控管理。

（五）总结与启示

通过本次审计，审计组认为应加强设计阶段管理，以减少施工阶段设计变更：

1．做好方案比选工作，关注经济性和合理性

本项目中基础形式的选择，设计单位未进行方案比选，而是根据以往经验偏保守设计，选择了筏板基础形式。3#、4#楼的设计也是偏保守，未考虑经济性。

2．加强设计质量管理

本项目设计单位内部质量管理有名无实，具体设计人员经验不足，项目经理未进行过程控制，出具图纸时公司总工程师未认真复核。这样一份质量粗糙、多处与国家规范不符的施工图，如果不经审计直接用于实际施工，将造成极大损失。

二、某村居民点项目审计

（一）案例情况及背景材料

A区政府投资的W村居民点项目，项目占地面积约68 000 m²，建筑面积约72 000 m²，地质勘察单位为Z公司，勘察费为54万元，设计单位为D公司，设计费为144万元。2016年8月，该项目在区公共资源交易中心进行施工公开招标，招标最高限价7 600万元，招标范围包括施工图所示范围内的平基土石方、基础、主体、道路及附属工程（景观绿化除外）、给排水、电气安装等全部内容。中标单位为T公司，中标价（合同价）7 135万元，中标工期290日历天。项目开工时间为2016年10月，竣工时间为2017年8月。项目结算报送金额1.75亿元。

（二）审计组织及实施过程

2018年1月，A区审计局对W村居民点项目进行结算审计。由于结算报送金额远超合同价，审计局选派精干人员组成审计组，把该项目作为重点进行严格审计。审计组仔细审阅项目资料发现，施工过程中存在较多设计变更。审计组把勘察设计单位作为审计重点，勘察单位由建设单位直接发包，设计单位通过邀请招标确定。勘察、设计单位的确定不符合国家相关规定，根据《招标投标法》和《工程建设项目招标范围和规模标准规定》（国家计委令第3号），勘察、设计、监理等服务的采购，单项合同估算价在50万元（国家发展和改革委员会令第16号为100万元）人民币以上的，必须进行公开招标。

（三）发现问题及定性依据

项目报送金额远远大于合同金额，主要原因为设计变更造成投资增加。该项目主要有以下变更：

（1）独立基础变更为桩基础，原因是现场地质情况与地勘报告不符。

（2）现场原始地貌、岩层地质状况、地下水情况等，与现场实际情况不符。

（3）结构图纸与建筑图纸不符，原因是A户型与B户型在建筑图上是平移关系，结构图却是镜像关系，是由于设计单位的建筑专业人员与结构专业人员缺乏沟通。

（4）节能设计专篇保温材料设计厚度与大样上标明的厚度不符，原因是设计师照搬其他图纸的大样忘记修改参数。

（5）外墙装饰材料，设计说明与大样不一致，设计说明上装饰材料是真石漆，大样上装饰材料是石材，原因是设计师照搬其他图纸的大样忘记修改。

（6）给排水专业图纸与建筑专业图纸不符，原因是给排水专业设计是在第一版建筑图上进行的，而建筑专业图纸修改了三次，两个专业间缺乏沟通。

（7）业主单位原因：要求设计单位对C户型进行调整。

审计组对设计人员进行调查取证，据设计单位主要负责人反映，上述问题暴露了设计单位质量内控制度的执行不到位，设计师缺乏创新精神，专业间各自为政、缺乏沟通。

（四）审计建议及处理结果

针对上述问题，审计组约谈了建设单位、勘察单位、设计单位、监理单位、施工单位等参建单位相关人员，各单位对于设计管理均存在问题：

（1）建设单位、监理单位未对施工设计图纸文件逐一审查，施工招标前应会同相关单位对设计图纸文件进行会审，对于第（3）、（4）、（5）、（6）条设计问题本应在招标前发现而未发现，反映出建设单位设计部、监理单位管理不到位。

（2）施工单位中标后，未仔细审图即开展施工，第（3）、（4）、（5）、（6）条问题在中标后图纸会审阶段应发现，反映出施工单位技术管理存在漏洞。

（3）勘察单位出具的地质勘察报告未准确反映现场地质情况，特别是基础部位的勘测点与实际情况不符，反映出Z公司内部质量管控缺失。

（4）设计单位图纸文件出现多处错误，反映出D公司内部管控制度缺失，人员技术水平不足的问题。

审计组将建设单位违反规定未进行勘察设计公开招标的问题移交给区发展改革委，区发展改革委给予建设单位罚款30万元的处罚；勘察单位、设计单位问题移交市建委，市建委对两个单位及相关设计人员发出通报，加强执业监督检查。建设单位按照合同约定，扣除设计单位30万元尾款。

（五）总结与启示

通过本次审计，审计组认为项目施工过程中发生较多设计变更将对工程投资产生重大影响。为避免发生过多设计变更，应充分重视设计阶段的管理。应在以下方面做好勘察、设计管理工作：

1. 勘察设计管理中的方案审核

勘察设计方案直接影响投资，勘察设计质量也会间接影响投资，设计方案影响经常性费用。对设计方案开展审核非常必要，建设工程项目设计方案的全局审核，应从整体工程角度进行全局设计方案的审核。以住宅建筑为例，其设计方案就要从建筑范围规划、布局设计、结构设计、安装工程设计、装修设计、配套设计等设计方案出发，细致地进行审核，如建筑方案中的平面布置为内廊式还是外廊式、进深与开间的确定、立面形式的选择、层高与层数的确定、基础类型选用、结构形式选择等。要避免发生案例中的问题，就需要对设计方案进行细致的审核。

2. 加大对设计管理中设计方案的经济分析

设计阶段的重要任务，是设计管理中设计方案的经济分析。它是影响建筑工程项目的经济效益的直接主导者。在对设计方案的确立时，既要对施工的可靠性进行周密的考虑，还要对经济效益进行充分的分析。在设计管理上要注意，设计方案不能超过建筑工程的整体预算，不能只对其功能、技术、外形进行考虑，还要对致使工程成本增加的因素进行考虑。例如在对建筑外墙装饰的材料进行选择时，外墙采用玻璃材料还是石质材料，其价格有很大差异。由于对建筑工程项目经济性的要求，也会对建筑工程造成很大影响，因此在对设计内容进行删减时，还要从建筑工程整体效益出发。

3. 设计管理中施工图以及图纸的审核

对于设计管理中施工图的审核,影响到整个建筑工程项目的工程质量和经济效益。因此，要从细节处认真审核建筑施工图。具体从以下几个方面审查：首先，在实际的施工过程中，评价施工图是否具有可行性以及其施工难度，找出设计图纸与实际施工的差异，否则，不仅会增加施工的成本，而且还会影响到施工的质量以及工程的顺利进行。其次，要注重和做好施工设计图的细节工作。由于施工图中的细节缺陷，会提高材料的费用，如果在施工现场更改，就会影响到整体效果并增加成本。因此，设计人员在设计图纸时，要不断地模拟施工现场与施工方法，从而设计出完善的施工图。

另外，对于设计管理中的图纸会审，在建筑工程施工之前，要通过专家与施工单位共同对施工图纸进行会审，这样才能充分发挥图纸会审的有效性，为工程的顺利实施提供重要的基础保障。对于图纸会审工作，一方面，要考虑其使用功能上的合理性，减少设计的缺陷，另一方面，要集思广益，认真分析施工图纸在实际施工过程中的质量和规范性，包括材料的选择以及施工的进度和整体效益。

第五章
工程招投标管理审计与案例

第一节 工程招投标管理概述

一、工程招投标关键词

（一）招投标

招投标，是招标投标的简称。招标和投标是一种市场交易行为，是交易过程不同主体的两种活动。通过招标投标达成交易是一种国际惯例，是市场经济高度发展的产物。在招投标活动中，各方应用技术、经济的方法，充分发挥市场经济竞争机制的作用，有组织地开展择优成交。招标投标应用于货物、工程和服务采购时，招标人事先公布采购标的和要求，吸引符合条件的投标人在同等条件下公平竞争，并按照事先规定的程序组织专家对投标人的报价进行综合评审，从中择优选定中标人，其实质是以较低的价格获得最优的货物、工程和服务。

（二）投标保证金

投标保证金是一种投标担保方式。为保证招投标活动的正常进行，投标人需在开标前或开标现场提交投标保证金（根据要求可为现金、汇票、支票等），并作为其投标书的一部分。工程施工、货物采购类的投标保证金数额不得超过招标项目估算价的2%，且最高不得超过80万元人民币，工程勘察设计类的投标保证金不得超过招标项目估算价的2%，且最高不得超过10万元人民币；政府采购项目的投标保证金不得超过采购项目概算的1%。以现金或者支票形式提交的投标保证金应当从投标人基本账户转出，招标人不得挪用投标保证金。投标保证金应当退还，招标人最迟应当在与中标人签订合同后5日内，向中标人和未中标的投标人退还投标保证金及银行同期存款利息。但出现以下情形，投标保证金不予退还：投标人在招标文件中规定的投标有效期内撤回其投标；中标人在规定期限内未能根据规定签订合同或接受对错误的修正，或未能根据规定提交履约保证金；投标人采用不正当的手段骗取中标。

（三）政府采购

政府采购是指各级国家机关、事业单位和团体组织，使用财政性资金采购货物、工程和服务，应当在财政的监督下，以法定的方式、方法和程序，通过公开招标确定供应商，并由财政部门直接向供应商付款。政府采购的范围包括三类：一是法定《集中采购目录》内的货物、工程和服务；二是虽未列入《集中采购目录》，但采购金额超过了规定的限额标准的货物、工程和服务；三是PPP项目中选择社会资本合作者。《政府采购法》第四条规定：政府采购工程进行招标投标的，适用招标投标法。

（四）标　底

标底是由招标人或委托有资质的造价咨询机构编制的用于评标的工程造价，是招标人对拟建工程按照社会平均生产力水平建造的期望值。标底的编制依据有招标文件，设计文件，预算定额，人工、材料、设备市场价，以及工程所在地造价管理部门的各种规范性管理文件。以往采用定额计价的招标工程，往往需要编制标底，评标时通常按投标价与标底的接近程度打分，越接近标底的投标价，得分越高。标底在开标前应保密。

（五）投标限价

投标限价是采用工程量清单计价的招标工程，由招标人或委托有资质的造价咨询机构编制的用于评标的工程造价，所有投标人的报价均不得超过投标限价，因此投标限价又称为招标控制价。投标限价的编制依据有招标文件，设计文件，工程量清单计价规范，预算定额，人工、材料、设备市场价，以及工程所在地造价管理部门的各种规范性管理文件。投标限价在投标人报价之前公布给所有投标人，反映的是社会平均生产力水平，投标人依据自身技术力量、设备、管理水平等情况自主报价。投标限价比标底更能体现市场竞争，也不会出现因泄露标底而导致的违法违规问题。

（六）标　段

当货物、工程或服务的规模或数量较大时，需要划分标段。标段是招标规划的核心工作内容之一，是指招标人在充分考虑合同规模、技术标准规格分类要求、潜在投标人状况以及合同履行期限等因素的基础上，将一项工程、服务或者一个批次的货物拆分成若干个合同进行招标的行为。

（七）清　标

清标是在详细评标之前，审查每份投标文件是否实质上响应了招标文件的要求。实质上响应的投标应该与招标文件要求的关键条款、条件和规格相符，没有重大偏离的投标。清标主要审查投标文件是否完整，总体编排是否有序，文件签署是否合格，投标人是否提交了投标保证金，有无计算上的错误，等。对关键条文的偏离、保留或反对将被认为是实质上的偏离，关键条文包括工期、质量、报价方式、承诺范围等。

清标工作是评标工作的基础性工作,完成后要形成书面的清标报告。清标报告是评标委员会进行评审的主要依据。

(八)询 标

询标是在招投标环节,开标已经结束之后,评标委员会将投标人按评标综合得分从高到低排序,对列在前三名的投标人,向其询问投标文件中含义不明确的内容,要求投标人做必要的澄清或者说明,以便最终推荐中标人。

(九)流 标

流标是指在招投标或政府采购活动中,由于有效投标人不足三家或对招标文件实质性响应的不足三家,而不得不重新组织招标的情形。流标实际是招标失败,需要重新组织招标。《招标投标法》第二十八条规定:投标人不足三个的,招标人应当重新招标。

二、工程招投标管理主要法律依据

(一)《招标投标法》

1999年8月30日,《招标投标法》经第九届全国人民代表大会常务委员会第十一次会议通过,自2000年1月1日起施行。此后,根据2017年12月27日第十二届全国人民代表大会常务委员会第三十一次会议修改。该法共6章68条,内容包括总则、招标、投标、开标、评标和中标、法律责任和附则。《招标投标法》的施行旨在规范招标投标活动,保护国家利益、社会公共利益和招标投标活动当事人的合法权益,提高经济效益,保证项目质量。

(二)《招标投标法实施条例》

2011年12月20日,国务院发布《招标投标法实施条例》(国务院令第613号),自2012年2月1日起施行,此后经过三次修改,最近一次在2019年3月2日,根据《国务院关于修改部分行政法规的决定》(国务院令第709号)修改。该条例共7章85条,内容包括总则、招标、投标、开标、评标和中标、投诉与处理、法律责任和附则。该条例出台的目的是规范招标投标活动。

(三)《政府采购法》

2002年6月29日,《政府采购法》经第九届全国人民代表大会常务委员会第二十八次会议通过,自2003年1月1日起施行,2014年8月31日根据第十二届全国人民代表大会常务委员会第十次会议修正。该法律共9章88条,内容包括总则、政府采购当事人、政府采购方式、政府采购程序、政府采购合同、质疑与投诉、监督检查、法律责任和附则。该法旨在规范政府采购行为，提高政府采购资金的使用效益，维护国家利益和社会公共利益，保护政府采购当事人的合法权益，促进廉政建设。

（四）《政府采购法实施条例》

2015年1月30日，国务院发布《政府采购法实施条例》（国务院令第658号），自2015年3月1日起施行。该条例共9章79条，内容与《政府采购法》对应。该条例是对《政府采购法》的细化和补充，使其具备可操作性。

（五）《必须招标的工程项目规定》

2018年3月27日，国家发展和改革委员会发布《必须招标的工程项目规定》（国家发展和改革委员会令第16号），自2018年6月1日起施行。该规定共6条，明确了必须招标的工程项目的范围。该规定的出台是为了确定必须招标的工程项目、规范招标投标活动、提高工作效率、降低企业成本、预防腐败。

（六）《工程建设项目施工招标投标办法》

2003年3月8日，国家发展计划委员会、建设部、铁道部、交通部、信息产业部、水利部、中国民用航空总局等联合发布《工程建设项目施工招标投标办法》（七部委〔2003〕30号令），自2003年5月1日起实施，2013年3月11日根据《关于废止和修改部分招标投标规章和规范性文件的决定》修正。该办法共6章92条，内容包括总则、招标、投标、开标、评标和定标、法律责任和附则。该办法的出台是为了规范工程建设项目施工招标投标活动。

（七）《政府和社会资本合作项目政府采购管理办法》

2014年12月31日，财政部发布并实施《政府和社会资本合作项目政府采购管理办法》（财库〔2014〕215号）。该办法共4章25条，内容包括总则、采购程序、争议处理和监督检查、附则。该管理办法的出台是为了规范政府和社会资本合作项目的政府采购（即PPP项目采购）行为。

（八）《房屋建筑和市政基础设施工程施工招标投标管理办法》

2001年6月1日，建设部发布并施行《房屋建筑和市政基础设施工程施工招标投标管理办法》（建设部令第89号），此后根据住房和城乡建设部令第43号修正，于2018年9月28日起施行。该办法共6章59条，内容包括总则、招标、投标、开标、评标和中标、罚则和附则。该办法的出台是为了规范房屋建筑和市政基础设施工程施工招标投标活动，维护招标投标当事人的合法权益。

（九）《工程建设项目勘察设计招标投标办法》

2003年6月12日，《工程建设项目勘察设计招标投标办法》以国家发展改革委、建设部、铁道部、交通部、信息产业部、水利部、中国民用航空总局、国家广播电影电视总局令第2号发布，自2003年8月1日起施行，2013年3月11日根据《关于废止和修改部分招标投标规章和规范性文件的决定》修正。该办法共6章60条，内容包括总则、招标、投标、开标、评标和中标、罚则和附则。该办法的出台是为了规范工程建设项目勘察设计招标投标活动，提高投资效益，保证工程质量。

（十）《工程建设项目货物招标投标办法》

2005年1月18日，《工程建设项目货物招标投标办法》以国家发展改革委、建设部、铁道部、交通部、信息产业部、水利部、中国民用航空总局令2005年第27号联合发布，自2005年3月1日起施行，2013年3月11日根据《关于废止和修改部分招标投标规章和规范性文件的决定》修正。该办法共6章64条，内容包括总则、招标、投标、开标、评标和定标、罚则和附则。该办法的出台是为了规范工程建设项目的货物招标投标活动，保护国家利益、社会公共利益和招标投标活动当事人的合法权益，保证工程质量，提高投资效益。

（十一）《政府采购信息公告管理办法》

2004年8月11日，财政部发布《政府采购信息公告管理办法》（财政部令第19号），自2004年9月11日起施行。该办法共6章36条，内容包括总则、政府采购信息公告范围与内容、政府采购信息公告管理、政府采购信息指定媒体管理、法律责任和附则。该办法的出台是为了规范政府采购信息公告行为，提高政府采购活动透明度，促进公平竞争。

（十二）《工程建设项目自行招标试行办法》

2000年7月1日，国家发展计划委员会发布并施行《工程建设项目自行招标试行办法》（国家发展计划委员会第5号令），2013年3月11日根据《关于废止和修改部分招标投标规章和规范性文件的决定》修正。该办法共14条，内容包括招标人界定、招标人应具备的能力、自行招标应提交的资料、应提交招标投标情况的书面报告等。该办法的出台是为了规范工程建设项目招标人自行招标行为，加强对招标投标活动的监督。

（十三）《评标委员会和评标方法暂行规定》

2001年7月1日，《评标委员会和评标方法暂行规定》以国家发展计划委员会、国家经济贸易委员会、建设部、铁道部、交通部、信息产业部、水利部令第12号发布，2013年3月11日根据《关于废止和修改部分招标投标规章和规范性文件的决定》修正。该规定共7章62条，内容包括总则、评标委员会、评标的准备与初步评审、详细评审、推荐中标候选人与定标、罚则、附则。该规定的出台是为了规范评标活动，保证评标的公平、公正，维护招标投标活动当事人的合法权益。

三、必须招标的工程范围

《招标投标法》第三条从项目性质、资金来源两个方面对必须招标的范围做了原则性规定，在我国境内进行勘察、设计、施工、监理以及与工程建设有关的重要设备、材料等的采购，必须进行招标的工程共有三类：

（1）大型基础设施、公用事业等关系社会公共利益、公众安全的项目。

（2）全部或者部分使用国有资金投资或者国家融资的项目。

（3）使用国际组织或者外国政府贷款、援助资金的项目。

同时规定上述工程的具体范围和规模标准，由国务院发展计划部门会同国务院有关部门制订，报国务院批准。法律或者国务院对必须进行招标的其他项目的范围有规定的，依照其规定。

2018年6月1日起施行的《必须招标的工程项目规定》（国家发展和改革委员会令第16号），对《招标投标法》第三条所述的项目范围作了具体的规定：

（1）全部或者部分使用国有资金投资或者国家融资的项目，包括两类：一是使用预算资金200万元人民币以上，并且该资金占投资额10%以上的项目；二是使用国有企业事业单位资金，并且该资金占控股或者主导地位的项目。

（2）使用国际组织或者外国政府贷款、援助资金的项目，包括两类：一是使用世界银行、亚洲开发银行等国际组织贷款、援助资金的项目；二是使用外国政府及其机构贷款、援助资金的项目。

不属于以上两种情形的大型基础设施、公用事业等关系社会公共利益、公众安全的项目，必须招标的具体范围由国务院发展改革部门会同国务院有关部门按照确有必要、严格限定的原则制订，报国务院批准。此外，对规定范围内应该招标的项目，列出具体的规模要求。勘察、设计、施工、监理以及与工程建设有关的重要设备、材料等的采购达到下列标准之一的，必须招标：

（1）施工单项合同估算价在400万元人民币以上。

（2）重要设备、材料等货物的采购，单项合同估算价在200万元人民币以上。

（3）勘察、设计、监理等服务的采购，单项合同估算价在100万元人民币以上。

同一项目中可以合并进行的勘察、设计、施工、监理以及与工程建设有关的重要设备、材料等的采购，合同估算价合计达到上述规定标准的，必须招标。

四、工程招标的组织

招标人可以委托招标代理机构进行招标，也可以自行招标。同时，《招标投标法》还规定，依法必须进行招标的项目，招标人自行办理招标事宜的，应当向有关行政监督部门备案。由于自行招标的备案程序较为烦琐，多数情况下招标人委托招标代理机构（即招标公司）承担招标工作。

（一）自行招标的条件

根据《工程建设项目自行招标试行办法》（国家计委第 5 号令），招标人自行招标应符合以下条件：

（1）具有项目法人资格（或者法人资格）。

（2）具有与招标项目规模和复杂程度相适应的工程技术、概预算、财务和工程管理等方面专业技术力量。

（3）有从事同类工程建设项目招标的经验。

（4）设有专门的招标机构或者拥有 3 名以上专职招标业务人员。

（5）熟悉和掌握招标投标法及有关法规规章。

（二）委托招标的条件

招标代理机构是依法设立、从事招标代理业务并提供相关服务的社会中介组织。根据《工程建设项目招标代理机构资格认定办法》（建设部第 154 号令），招标代理机构应当具备下列条件：

（1）有从事招标代理业务的营业场所和相应资金。

（2）有能够编制招标文件和组织评标的相应专业力量。

（3）有符合《招标投标法》第三十七条第三款规定条件、可以作为评标委员会成员人选的技术、经济等方面的专家库。

五、工程招标方式

《招标投标法》规定的招标方式有两种：公开招标和邀请招标。《政府招标采购法》规定的政府采购形式有 5 种：公开招标、邀请招标、竞争性谈判、单一来源采购和询价。

（一）公开招标

公开招标，是招标人以招标公告的方式邀请不特定的法人或者其他组织投标。公开招标是政府采购的主要采购形式。依法必须公开招标的项目包括：国家重点项目和省、自治区、直辖市人民政府确定的地方重点项目，国有资金占控股或者主导地位的依法必须进行招标的项目，其他法律法规规定必须进行公开招标的项目。公开招标能够使投标人充分竞争，最大限度地择优选定中标人，但往往评标工作量大、耗时长、费用高。

（二）邀请招标

邀请招标，是指招标人以投标邀请书的方式邀请特定的法人或者其他组织投标，因此也被称为有限竞争招标。国务院发展计划部门确定的国家重点项目和省、自治区、直辖市人民政府确定的地方重点项目不适宜公开招标的，经国务院发展计划部门或者省、自治区、直辖市人民政府批准，可以进行邀请招标。招标人采用邀请招标方式的，应当向三个以上具备承担招标项目的能力、资信良好的特定法人或者其他组织发出投标邀请书。在政府采购时，邀请招标适用于三种情形：一是具有特殊性，只能从有限范围的供应商处采购的；二是采用公开招标方式的费用占政府采购项目总价值的比例过大的；三是有涉密产品和涉密要求的工程。邀请招标工作量小、耗时短、费用小，但不能实现充分竞争。

（三）竞争性谈判

竞争性谈判是在政府采购中，采购人或代理机构通过与多家供应商（不少于三家）进行谈判，最后从中确定中标供应商。竞争性谈判适用于以下四种情形：

（1）招标后没有供应商投标或者没有合格标的或者重新招标未能成立的。
（2）技术复杂或者性质特殊，不能确定详细规格或者具体要求的。
（3）采用招标所需时间不能满足用户紧急需要的。
（4）不能事先计算出价格总额的。

（四）单一来源采购

单一来源采购也称直接采购。该采购方式的最主要特点是没有竞争性，适用于以下三种情形：

（1）所购商品的来源渠道单一，或属专利、首次创造、只能从唯一供应商处采购的。
（2）发生了不可预见的紧急情况不能从其他供应商处采购的。
（3）必须保证原有采购项目一致性或者服务配套的要求，需要继续从原供应商处添购，且添购资金总额不超过原合同采购金额10%的。

（五）询　价

询价是采购人向有关供应商发出询价单让其报价，在报价基础上进行比较并确定最优供应商的一种采购方式。当采购的货物规格、标准统一、现货货源充足且价格变化幅度小时，可以采用询价方式采购。

第二节　工程招投标管理主要工作与存在的问题

一、工程招投标管理主要工作

（一）建设工程招投标基本流程

建设工程招投流程主要有招标、投标、开标、评标、定标和签订合同六大环节，根据是否公开招标,以及对投标单位的资格审查是在发售招标文件前(资格预审)还是开标后(资格后审),其详细程序略有不同。以进行资格预审的公开招标为例,其流程如图 5.1 所示。本书将整个流程分为招标准备和招标两个阶段,对各项主要工作进行阐述。

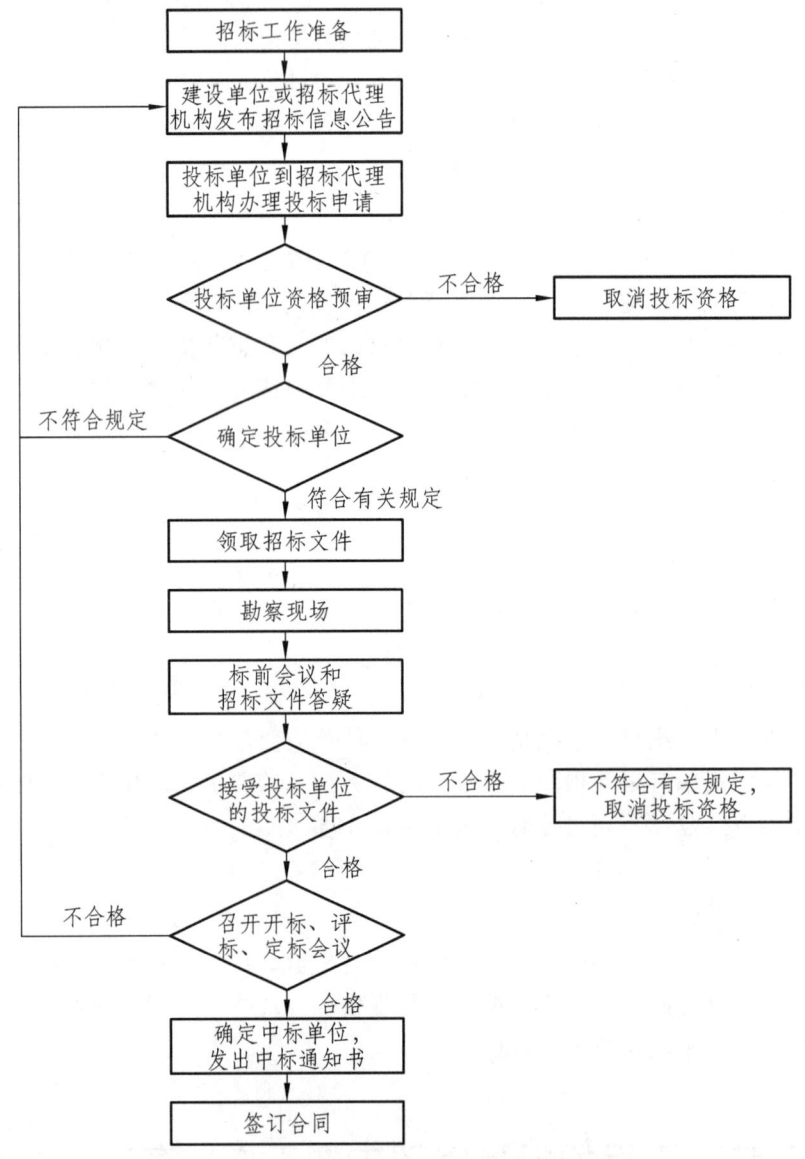

图 5.1 进行资格预审时的公开招标流程

(二)招投标准备阶段

准备阶段要对招标投标活动的整个过程做出具体安排,包括招标人资格能力审查、制订招标工作计划、确定招标组织形式、落实招标的基本条件、编制招标方案,审查投标人资格、编制招标文件、制定评标办法等。其主要程序是:

1. 招标人资格能力审查

招标人资格能力审查是招标单位或委托招标单位在向代表政府行使工程招标管理权力的部门提出招标申请报告后，应接受招标资格的全面审查。这项工作必须在招标工作正式开始之前完成。招标单位必须在资格审查通过并在招标申请报告经审批同意后方可开始招标。

招标人资格能力审查的主要内容是：

（1）是否具有法人资格。

（2）是否具有与所招标工程相适应的技术与经济管理的能力。

（3）是否具备编制招标文件和标底的能力。

（4）是否具备进行投标单位资格审查和组织评标、定标的能力，等等。不具备招标资格的招标单位，不宜自行招标，而应委托具备招标资格的专业或咨询机构进行招标，或在政府招标管理部门指导与直接帮助下进行招标。

2. 制订招标工作计划

制订招标工作计划是对招标工作做出总体安排，包括确定招标项目的实施机构和项目负责人及其相关责任人、具体的时间安排、招标费用测算、采购内容、风险预测以及相应措施等。

3. 确定招标组织形式

《招标投标法》第十二条规定：招标人依法可以自行招标的，任何单位和个人不得强制其委托招标代理机构办理招标事宜；招标人委托招标的，招标人有权自行选择招标代理机构，任何单位和个人不得以任何方式为招标人指定招标代理机构。《招标投标法》虽然在一定程度上赋予了招标人选择招标组织形式的权力，但由于招标工作的复杂性和专业性要求，因此，招标人只有在满足法定条件下，才可以自行招标。

4. 落实招标的基本条件

我国不同的行政主管部门对招标基本条件均有要求，分别体现在颁发的各项法规当中。

《工程建设项目施工招标投标办法》第八条规定，依法必须招标的工程建设项目，进行施工招标，应当具备下列条件：招标人已经依法成立；初步设计及概算应当履行审批手续的，已经批准；招标范围、招标方式和招标组织形式等应当履行核准手续的，已经核准；有相应资金或资金来源已经落实；有招标所需的设计图纸及技术资料。

《工程建设项目货物招标投标办法》第八条规定，依法必须招标的工程建设项目，进行货物招标，应当具备下列条件：招标人已经依法成立；按照国家有关规定应当履行项目审批、核准或者备案手续的，已经审批、核准或者备案；有相应资金或者资金来源已经落实；能够提出货物的使用与技术要求。

《工程建设项目勘察设计招标投标办法》第九条规定，依法必须进行勘察设计招标的工程建设项目，在招标时应当具备下列条件：按照国家有关规定需要履行项目审批手续的，已履行审批手续，取得批准；勘察设计所需资金已经落实；所必需的勘察设计基础资料已经收集完成；法律法规规定的其他条件。

《房屋建筑和市政基础设施工程施工招标投标管理办法》第八条规定，工程施工招标应当具备下列条件：按照国家有关规定需要履行项目审批手续的，已经履行审批手续；工程资金或者资金来源已经落实；有满足施工招标需要的设计文件及其他技术资料；法律、法规、规章规定的其他条件。

《公路工程施工招标投标管理办法》第七条规定，公路工程施工招标的项目应当具备下列条件：初步设计文件已被批准；建设资金已经落实；项目法人已经确定，并符合项目法人资格标准要求。第八条规定，公路工程施工招标的招标人，应当是依照本办法规定提出公路工程施工招标项目、进行公路工程施工招标的项目法人。

《公路工程勘察设计招标投标管理办法》第八条规定，招标人是符合公路建设市场准入条件，依照本办法规定提出公路工程勘察设计招标项目、进行招标的项目法人。

5．投标人资格审查

投标人资格审查可以分为资格预审和资格后审。资格预审是在投标前对潜在投标人进行的资质条件、业绩、信誉、技术、资金等多方面情况的资格审查，而资格后审是指在开标后对投标人进行的资格审查。采取资格预审的，招标人应当在资格预审文件中载明资格预审的条件、标准和方法；采取资格后审的，招标人应当在招标文件中载明对投标人资格要求的条件、标准和方法。招标人不得改变载明的资格条件或者以没有载明的资格条件对潜在投标人或者投标人进行资格审查。除招标文件另有规定外，进行资格预审的，一般不再进行资格后审。

6．编制招标文件

招标文件是在招标准备阶段由招标人编制的一份文字性的书面资料，是投标人投标的主要依据，也是评标、定标的标准。在确定了中标单位之后，招标文件又是签订承包合同所需依据的基础。招标人根据招标项目的要求和招标采购方案编制招标文件。招标文件一般应包括招标公告（投标邀请函）、招标项目要求、投标人须知、合同格式、投标文件格式等五个部分。

（1）招标项目要求主要是对招标项目进行详细介绍，包括项目的具体方案及要求、技术标准和规格、合格投标人应具备的资格条件、竣工交货或提供服务的时间、合同的主要条款以及与项目相关的其他事项。

（2）投标人须知主要是说明招标文件的组成部分、投标文件的编制方法和要求、投标文件的密封和标记要求、投标价格的要求及其计算方式、评标标准和方法、投标人应当提供的有关资格和资信证明文件、投标保证金的数额和提交方式、提供投标文件的方式和地点以及截止日期、开标和评标及定标的日程安排以及其他需要说明的事项。

（3）合同格式主要包括合同的基本条款、工程进度、工期要求、合同价款包含的内容及付款方式、合同双方的权利和义务、验收标准和方式、违约责任、纠纷处理方法、生效方法和有效期限及其他商务要求等。

（4）投标文件格式主要是对投标人应提交的投标文件做出格式规定，包括投标函、开标一览表、投标价格表、主要设备及服务说明、资格证明文件及相关内容等。

（三）招投标实施阶段

招标阶段应按照招标、投标、开标、评标、定标几个步骤组织实施。其基本程序是：

1．招　　标

（1）发布招标公告或投标邀请函。其内容包括：招标人的名称、地址和联系人及联系方式等；招标项目的性质、数量；招标项目的地点和时间要求；对投标人的资格要求；获取招标文件的办法、地点和时间；招标文件售价；投标时间、地点以及需要公告的其他事项。公开招标应当发布招标公告，邀请招标应当发布投标邀请函。招标公告必须在财政部门指定的报刊或者媒体上发布。

（2）发售招标文件。在招标公告（或投标邀请函）规定的时间、地点向有兴趣投标且经过审查符合资格要求的投标人发售招标文件。由于招标文件的制作需要一定的成本，通常需要投标人购买。

（3）招标文件的澄清、修改。对已售出的招标文件需要进行澄清或者非实质性修改的，招标人一般应当在提交投标文件截止日期15日前以书面形式通知所有招标文件的购买者，该澄清或修改内容为招标文件的组成部分。

（4）编制标底或招标控制价。标底是招标工程的预期价格，能反映出拟建工程的资金额度，以明确招标单位在财务上应承担的义务。《招标投标法》没有规定招标必须设有标底，但也没有禁止设置标底。对"设有标底的"，还提出了"必须保密"的要求和评标"应当参考标底"的要求。招标人可以自主决定是否编制标底。

为避免发生串标、围标现象，招标人可以编制并应当在招标文件中公布招标控制价（最高投标限价）。招标人根据国家或省级、行业建设主管部门颁发的有关计价依据和办法，以及拟定的招标文件和招标工程量清单，结合工程具体情况编制招标工程的最高投标限价。国有资金投资的工程建设项目应实行工程量清单招标，并应编制招标控制价。

（5）现场踏勘。招标人组织潜在投标人进行现场踏勘。工程设计、施工、监理、工程总承包和特许经营等项目招标，一般需要现场踏勘，使投标人充分了解工程周边与现场情况，以便在投标时提出合理报价。

（6）标前会议。标前会议也称为投标预备会或招标文件交底会，是招标人按投标须知规定的时间和地点召开的会议，也是招标投标前的一次非常重要的会议，由参加投标并现场踏勘的人员参加。会议主要内容是由招标人澄清投标人提出的所有问题，招标人应做好记录，会后整理成文字资料分发给所有投标人。

2．投　标

（1）编制投标文件。投标人应当按照招标文件的规定编制投标文件。投标文件应载明的事项有：投标函；投标人资格、资信证明文件；投标项目方案及说明；投标价格；投标保证金或者其他形式的担保；招标文件要求具备的其他内容。

（2）投标文件的密封和标记。投标人对编制完成的投标文件必须按照招标文件的要求进行密封、标记。这个过程非常重要，因为密封或标记不规范被拒绝接受投标的例子不少。

（3）送达投标文件。投标文件应在规定的截止时间前密封送达投标地点。招标人对在提交投标文件截止日期后收到的投标文件，应不予开启并退还。招标人应当对收到的投标文件签收备案。投标人有权要求招标人或者招标投标中介机构提供签收证明。

（4）投标人可以撤回、补充或者修改已提交的投标文件，但是应当在提交投标文件截止日之前书面通知招标人，撤回、补充或者修改也必须以书面形式。

特别需要注意，招标公告发布或投标邀请函发出之日到提交投标文件截止之日，一般不得少于 20 日，即等标期最少为 20 日。

3．组建评标委员会

评标委员会由招标人负责组建。评标委员会由采购人的代表及其技术、经济、法律等有关方面的专家组成，总人数一般为 5 人以上单数，其中专家不得少于三分之二。与投标人有利害关系的人员不得进入评标委员会。中标结果确定前，评标委员会名单须保密。

4．开　标

招标人应当按照招标公告（或投标邀请函）规定的时间、地点和程序以公开方式举行开标仪式。开标仪式结束，主持人应告知投标人评标的时间安排和询标的时间、地点（询标的顺序由工作人员用抽签方式决定），并对整个招标活动向有关各方提出具体要求。开标应当作记录，存档备查。

5．评　标

开标仪式结束后，由招标人召集评标委员会，向评标委员会移交投标人递交的投标文件。评标应当按照招标文件的规定进行。评标由评标委员会独立进行，评标过程中任何一方、任何人不得干预评标委员会的工作。评标程序包括：

（1）审查投标文件的符合性。

（2）对投标文件的技术方案和商务方案进行审查，如技术方案或商务方案明显不符合招标文件的规定，则可以判定其为无效投标。

（3）询标。评标委员会可以要求投标人对投标文件中含义不明确的地方进行必要的澄清，但澄清不得超过投标文件记载的范围或改变投标文件的实质性内容。

（4）综合评审。评标委员会按照招标文件的规定和评标标准、办法对投标文件进行综合评审和比较。综合评审和比较时的主要依据是：招标文件的规定和评标标准、办法，以及投标文件和询标时所了解的情况。整个过程不得也不应考虑其他外部因素和证据。

（5）评标结论。评标委员会根据综合评审和比较情况，得出评标结论，评标结论中应具体说明收到的投标文件数、符合要求的投标文件数、无效的投标文件数及其无效的原因，评标过程的有关情况，最终的评审结论，等，并向招标人推荐一至三个中标候选人（应注明排列顺序并说明按这种顺序排列的原因以及最终方案的优劣比较等）。

6．定　　标

（1）审查评标委员会的评标结论。招标人对评标委员会提交的评标结论进行审查，审查内容应包括评标过程中的所有资料，即评标委员会的评标记录、询标记录、综合评审和比较记录、评标委员会成员的个人意见等。

（2）定标。招标人应当按照招标文件规定的定标原则，在规定时间内从评标委员会推荐的中标候选人中确定中标人。中标人必须满足招标文件的各项要求，且其投标方案为最优，在综合评审和比较时得分最高。

（3）中标通知。招标人应当在招标文件规定的时间内定标，在确定中标后应将中标结果书面通知所有投标人。

（4）签订合同。中标人应当按照中标通知书的规定，并依据招标文件的规定与采购人签订合同（如采购人委托招标人签订合同的，则直接与招标人签订合同）。中标通知书、招标文件及其修改和澄清部分、中标人的投标文件及其补充部分是签订合同的重要依据。

二、工程招投标管理存在的问题

（一）建设单位规避招标

《招标投标法》第四条规定：任何单位和个人不得将依法必须进行招标的项目化整为零或者以其他任何方式规避招标。规避招标行为主要有下面几种方式：

1．肢解发包

《建设工程质量管理条例》第七十八条规定，本条例所称肢解发包，是指建设单位将应当由一个承包单位完成的建设工程分解成若干部分发包给不同的承包单位的行为。

对于什么是"应当由一个承包单位完成的建设工程",我国行政法规并没有明确规定,有的地方性法规对此做出了规定,例如《上海市建筑市场管理条例》第23.2款和24.2款规定,建设单位或者总承包单位发包施工项目的,以建设工程中的单项工程为最小标的。施工总包单位可以单位工程为最小标的,分包给其他施工单位。

在肢解发包的案例中,建设单位通常将造价大的单项工程肢解为各种子项工程,由于各子项工程的造价低于招标限额,从而规避招标,例如将建设工程肢解为主体工程、防水工程等项目对外单独发包。

2. 压低预算造价

这种方式通过将工程预算造价降低到招标限额以下,规避招标,在确定施工单位后,再对项目进行变更或调整,签订合同则约定按实结算,最后工程结算造价往往大大超过招标价格。压低预算造价另一种表现形式是不遵守建设程序,如在没有完成工程设计工作、无法编制完整预算的情况下,直接对工程粗略估算一个较低的造价,确定施工单位后再重新进行设计,最后工程结算造价也大大超过投标限额。

3. 中标后改变工程施工范围

这种规避招标的方式用于招标的工程范围小的情形,即确定中标单位后,再增加工程施工范围。如先将某个单项工程招标,确定施工单位后,再明确工作内容不仅仅是该单项工程,再增加一些附属工程,规避附属工程的招标。

4. 不按规定发布招标信息

招标人不按规定发布招标信息,要么限制信息发布范围,要么不公开发布信息,规避公开招投标。

5. 为特定对象制定倾向性条款

一些工程项目建设单位为了使内定好的施工队伍顺利中标,在招标文件上暗做手脚,量身定做,制定倾向性条款,为意向的投标单位开绿灯;或是提高招标资格条件,排斥潜在投标人,以利其意向投标单位。

6. 利用划分标段排斥潜在投标人

划分标段是根据实际工作的需要,本着提高招标质量和效果的宗旨,将原来属于一个整体的招标项目或"标的",按照一定的标准,科学地划分成若干个较小的"标段",再分别对外招标采购的行为和方法。

标段应当如何划分,《招标投标法》第十九条规定,招标项目需要划分标段、确定工期的,招标人应当合理划分标段、确定工期,并在招标文件中载明;《招标投标法实施条例》第二十四条规定，招标人对招标项目划分标段的，应当遵守《招标投标法》的有关规定，不得利用划分标段限制或者排斥潜在投标人。依法必须进行招标的项目的招标人不得利用划分标段规避招标。标段划分应当合理，过大、过小均有可能排斥潜在的投标人。

（二）投标企业违法违规

1．挂靠资质投标

在建筑行业，挂靠资质是指一个具有施工资质的企业允许其他企业或者个人在一定期间内使用本企业的资质证书、营业执照，以自己企业名义对外承接工程的行为。有的承包人本身不具备招标工程要求的资质，却以交管理费或给好处费的方式，挂靠有资质的施工企业参与投标。

我国法律严禁挂靠资质投标。《建筑法》明确规定，禁止建筑施工企业以任何形式允许其他单位和个人使用本企业资质证书、营业执照，以本企业名义承揽工程。发生此行为的，将责令改正、没收违法所得、并处罚款，还可以责令停业整顿、降低资质等级；严重的可吊销资质证书。《招标投标法》也明确了以他人名义投标的，或者以其他方式弄虚作假，骗取中标的，中标无效，给招标人造成损失的，需要承担赔偿责任；构成犯罪的，依法追究刑事责任。

2．串标和围标

串标是指串通投标，是招投标领域常见的一种企图非法获取中标的手段和行为。串标有两种表现形式。一是投标人互相之间串通投标。两个以上的投标人私下达成利益联盟，投标时一致抬高或压低报价，排挤其他投标人，从而使串标者约定的投标人中标。二是投标人与招标人（代理机构）互相串通，投标人私下贿赂招标人（代理机构），获取标底或其他招投标信息以实现中标。

围标属于串通投标的第一种形式，是一种目的更加明确的串通投标。围标的发起者称为围标人，参与围标的投标人称为陪标人，围标参与者私下达成利益协定，相互约定报价，在投标中一致抬高或压低投标报价进行投标，通过限制竞争，排挤其他投标人，使围标人中标，谋取不正当利益。围标行为往往和挂靠资质投标结合，有的施工企业在同一招标工程中，挂靠多家企业参与围标。

串标、围标严重妨碍公平竞争，扰乱建筑市场，损害业主和其他投标人的利益，是法治监督体系不够完善的体现。当前我国串标、围标案例仍然层出不穷，但这一现象必然随着建筑招投标市场的规范和完善逐步减少。

（三）招标代理机构违法违规

招标代理机构在招投标过程中违法违规，丧失独立性，或泄漏招标信息，或与招标人串通损害国家、社会或他人利益，或者在同一工程中同时代理招标和投标，现行法律法规对此均有处罚规定。《招标投标法》第五十条以及《招标投标法实施条例》第六十五条是对招标代理机构泄露应当保密的与招标投标活动有关的情况和资料的，或者与招标人、投标人串通损害国家利益、社会公共利益或者他人合法权益的处罚规定，包括对责任单位以及责任人处以罚款的数额以及依法赔偿受害人、追究刑事责任等方面的处罚。

（四）评标过程不严谨

评标过程不严谨主要由两方面的原因导致：一是在编制招标文件时，对评标办法的编制和审核不够严谨，评标办法存在不合理的地方，不利于评标过程的操作或使评标结果不够合理；二是评标委员会成员存在不足，表现在评标委员会成员组成不符合规定，或者工作胜任能力不足，或者由于评标工作量大，评标工作不够认真负责。

（五）主管部门不重视中标后的监管

招投标主管部门普遍比较重视对招标投标过程的监管，但对中标后签订合同以及合同履行环节不够重视。例如：有的招投标单位在投标时，承诺配备具备资质的管理团队和项目经理，但在签订合同和工程开工时，项目经理却换上了低资质甚至无资质的人员。又如：在合同履行环节，一些施工单位与监理单位相互串通，利用工程签证提高工程造价，谋取不正当利益。

（六）招标投标期限不符合规定

招标投标的各个环节都有时间规定，例如在资格预审环节当中，资格预审文件发售期不得少于 5 日，提交资格预审申请文件的期限，自资格预审文件停止发售之日起不得少于 5 日。又如招标文件进行澄清或修改至提交投标文件的截止时间不得少于 15 日，招标文件开始发出之日起至提交投标文件截止时间不得少于 20 日。有的招标项目没有严格遵守各种时间的规定，有违招标的合法公正。

第三节　工程招投标管理审计实务工作的重点

工程招标投标管理审计是建设工程审计工作中一项非常重要的内容，应该高度重视。开展招标投标管理审计最有效的措施是实行跟踪审计，通过审计监督招标投标活动全过程，能够及时发现并纠正招标投标活动中的违法、违规现象，维护正常的招标投标秩序，确保招标投标活动的公开、公平、公正，维护公平竞争的市场环境，有利于建筑市场健康有序发展，预防建设工程领域腐败。通过招标投标管理审计，还能使招标投标活动的各主体明确各自的权利、义务及责任，有利于招标投标活动的顺利开展，促进签订合同的双方诚实守信地履行合同。

一、招投标准备的审计

（一）招标条件审计

建设工程应当具备一定的基本条件才能开展招标工作。重点审计以下情况：

（1）关注建设工程立项情况。建设工程应当通过审批获得立项。根据项目性质的不同，应该分别履行批准、核准或备案程序，由政府投资建设的工程，还应列入政府投资计划。

（2）关注建设工程准备情况。建设工程招标前应做好准备工作，应该完成建设用地的征收、拆迁工作，并完成"四通一平"（指通水、通电、通路、通信息和场地平整）工作，工程设计文件和设计概算应编制完成，关注设计标准应在立项文件规定的规模范围内。

（3）关注建设资金情况。建设工程资金应当落实，资金数额应符合立项批准文件，资金来源渠道可靠并能够落实，分批次融资的建设资金能够按计划及时到位。

（4）关注标段的划分。科学合理划分标段，标段的划分应当适当，既不过大，也不过小，过大可能符合条件的投标人不足，过小则无法满足最小施工工作面的要求，不利于各施工单位之间的协调和连接。

（5）关注招标工作机构。招标工作机构设置应当完备，组织形式和人员配备符合规定并满足招标工作的需要，同时应建立并运行内部控制制度。

（二）招标方式审计

（1）关注招标方式的选择以及招标公告的发布。招标方式应为法定方式，选择邀请招标或政府采购中的其他方式应当符合规定的条件。公开招标的招标公告应在指定的报刊、电子网络或其他媒体上发布，公告发布后应按规定时限要求及时对投标单位递交的投标文件进行登记工作。邀请招标应当同时向三个以上具备承担招标项目能力、资质信誉好的特定法人或单位发出招标邀请书。

（2）关注招标工作的组织。招标工作的组织方式应明确是自行招标还是委托招标代理机构招标。如果是自行招标，招标人应当具备自行招标的资格；如果是委托招标，被委托的招标代理机构应具备招标代理资格，委托招标的收费应当合理，并应签订委托合同。

（三）招标程序审计

（1）关注招标文件的审批。招标单位编制的招标文件应当获得主管单位和部门的批准。

（2）关注招标文件的内容。招标单位出售、发布的招标文件应当符合法律法规以及相关管理规定的要求，不能以不合理的条件限制或者排斥潜在投标人，或对潜在投标人实行歧视待遇；应当组织投标单位现场踏勘，召开标前会议解答疑难问题，并将答疑以书面方式通知所有购买招标文件的潜在投标人。

（3）关注招标单位与招标有关的内部控制情况。招标工作部门应做到不相容职务分离，即谈判、评标、决策人员分离；各类人员的安排和选定应符合法定程序，统一安排，避免违背不相容职务分离的原则，评标组成员应当在评标前从专家库中随机抽取，防止投标人贿赂评标人员操纵评标，与建设工程有利益关系的评委应当回避。

（四）标底或投标限价审计

重点关注：标底或投标限价的编制依据应当合法有效，编制人应当具备工程造价执业资质，标底或投标限价的编制方法、数据计算、定额套用、工料机价格、各类取费应当正确。标底和投标限价应控制在设计概算范围内，折算为单方造价后应与市场同类工程造价接近。标底应当保密，标底的保密环节不应存在漏洞，投标限价应在投标前分发给所有投标人。

（五）投标单位资格审计

重点关注：投标单位应当具备招标文件规定的资质等级，满足招标文件要求的技术力量和机械设备，应具有良好的社会信誉和施工管理水平，要深入了解各项信息，防止投标单位挂靠资质投标；关注投标单位已经完成的工程质量水平、业主对履约情况的评价，是否有过类似工程的施工经验；了解投标人现有在建工程的情况，是否有足够的人力物力安排拟建工程的施工，招标工程与其在建工程相比重要程度如何，能否得到投标单位的重视。不符合要求和不具备应有能力的单位应取消其投标资格。

二、招投标实施阶段的审计

（一）开标审计

重点关注：投标文件应当符合招标文件规定，开标程序应符合法律法规的要求。投标书应当密封完好，签字和盖章有效，标书的填写格式、递交时间应符合招标文件的要求，如果开标时发现投标文件有破损，或者授权委托书不是原件且又无投标单位法人签章，应当众宣布为废标。对于开标程序，招标单位应当邀请所有投标人代表参加开标会议，当众由投标人或投标人代表检查投标文件的密封情况，或由招标人委托的公证机构检查并公证，关注有无违反规定搞暗箱操作的问题。经确认无误后，由工作人员当场拆封，宣读投标人名称、投标价格以及投标文件的其他主要内容。同时，开标过程应当做好记录，并存档备查。

（二）评标审计

重点关注：评标委员会应按法定程序组建，评标委员会成员名单在中标结果确定前应当保密。评标委员会由招标人或其委托的招标代理机构熟悉相关业务的代表，以及有关技术、经济等方面的专家组成，成员人数为五人以上单数，其中技术、经济等方面的专家不得少于成员总数的三分之二。评标委员会的专家成员应当从依法组建的专家库中确定，通常应当随机抽取，特别复杂或专业性强的项目，可由招标人直接确定，与招标工程有利益关系的成员应当回避。评标内容、评标依据、评标方法和评标过程应合法合规。评标过程资料、各项记录、评标委员会组长及成员的签字应合法完整。

（三）定标审计

定标是通过评标确定中标人。定标审计重点关注：定标依据和标准应当充分、清楚明确，不存在舞弊行为。定标程序和方法应当合规，切实做到优价中标，定标价格应当既符合市场行情，又符合业主效益目标；中标人应持中标通知书到招标管理部门办理审查复核及有关手续；中标人应在中标通知书发出之日起30日内，同招标单位订立书面合同。如招标文件要求中标人提交履约保证金的，中标人应当提交。

三、招投标完成后的审计

（一）招投标反馈信息审计

重点关注：招标人或主管部门应建立招投标信息反馈和追踪制度，收集反馈信息，调查了解对招标投标的意见，听取收集对招标投标的建议；对招标投标过程中发现的幕后交易、贪污受贿、以权谋私等问题，要及时严肃处理；对违纪违法行为，要及时移送有关部门进行查处。

（二）合同签订的审计

重点关注：施工合同的签订过程应符合规定，各项书面资料应当完整、手续齐全；签订合同应以招标文件和投标书为依据，合同的实质性条款应与招标文件和投标书相一致；合同的基本内容完整、规范，合同条款应符合法律法规要求，合同中的责任和奖罚条款应当明确具有可操作性。

第四节 工程招投标管理审计案例

一、某镇政府招投标工程审计

（一）案例情况及背景材料

2019年3月中旬至5月末，Y区审计局对G镇政府开展工程审计，审计内容为2016至2018年该镇政府组织的工程招标项目，共涉及86个项目，涉及投资金额4 060万元。

（二）审计组织及实施过程

审计组进驻 G 镇政府后，被审计单位及部门提供了 2016 年至 2018 年在 G 镇政府实施的公开招标、竞争性比选资料。

审计组将招标资料按城建办、农业服务中心分类统计，统计内容包括招标项目名称、限价金额、投标单位法定代表人、投标单位实际参加人、投标单位股东名单、各投标人报价、中标金额、中标单位。建立好项目信息台账后，审计组通过筛查发现大量的围标情况。

（三）发现问题及定性依据

针对发现的一些疑点，审计人员坚持问题导向，详阅有疑问的项目资料，发现有 G 镇数十名居民多次代表不同公司参与项目投标、竞争性比选的情况。G 镇政府组成的评标委员会是镇政府工作人员，并且评标委员会人员基本固定，对于一人多次代表不同公司参与投标、每次参与投标的人员一致但代表不同公司的情况不可能不知情。从投标资料中也可以看出，各公司报价存在雷同或抬价行为。通过约谈参与投标的人员，他们很坦诚地说他们是在围标，这种情况在小项目中再正常不过了。殊不知他们已经违反了国家法律法规的规定。

根据《招标投标法》第三十三条，投标人不得以低于成本的报价竞标，也不得以他人名义投标或者以其他方式弄虚作假、骗取中标。

另外，审计组还查出，某居民点人居环境提升工程设计招标，设计费用 60 万元。按照当时的国家规定（国家计委 3 号令），勘察设计等服务类招标金额超过 50 万元应进行公开招标。2018 年 3 月 G 镇政府会议先确定了设计单位和设计费用，2018 年 4 月再进行的竞争性比选，最后中标的设计单位和设计费用与之前政府会议确定的内容一致。该情况属于直接发包，违反了《招标投标法》及相关条例对必须进行招标项目的规定。

（四）审计建议及处理结果

审计组将审计调查取证记录整理好由相关人员签字确认，对违反《招标投标法》的情况移交给 Y 区发展改革委。Y 区发展改革委对于 G 镇政府违反《招标投标法》应进行公开招标却直接发包的行为罚款 50 万元，对镇政府主要负责人进行诫勉谈话。

（五）总结与启示

通过本项目招标投标的审计，审计组认为以下几方面值得总结：

1．建立招投标台账

G 镇 2016 年至 2018 年实施的公开招标、竞争性比选项目多达 86 个，如果逐一详阅项目资料浪费时间又无法汇总，通过建立台账的方法可以方便筛查人员信息。

2．熟悉国家、地方政府对于招标投标的规定

必须进行公开招标的项目，国家的规定分为两阶段：2018年6月1日前执行国家计委令第3号的相关规定，2018年6月1日后执行国家发展和改革委员会令第16号的相关规定。具体到各地政府的规定，比国家的规定更严格。比如Y区政府2018年6月1日前执行的施工单位招标金额超过100万元必须进行公开招标，当时国家规定的施工单位招标金额超过200万元才进行公开招标。

二、某区市政道路工程审计

（一）案例情况及背景材料

某区市政道路工程（合同包含5条道路工程），设计为标准城市道路，路幅宽度24 m，累计道路全长约9 705 m，项目总投资3.06亿元，资金来源为财政资金，项目业主为某区城建发展公司。工程自2015年6月20日开工，2016年11月20日竣工，总工期520日历天，工程内容包括路基土石方、水稳层、路面及道路附属工程。该项目经过公开招标投标程序，招标文件发布的最高限价经过区财政评审中心评审确定。建设过程中业主单位委托了中介机构对项目进行跟踪审计。项目如期竣工后，按规定送区审计局进行结算审计，业主单位送审金额28 913万元，审减造价约2386万元，审减率8.25%。

（二）审计组织及实施过程

审计人员初步审阅了业主单位送达的竣工资料后，感觉施工单位编制的竣工资料比较完整齐全，变更手续完善且提供的签证单均有建设、施工、监理三方签字盖章认可。审计人员在熟悉资料后组织进行了现场踏勘，发现施工现场与竣工资料所反映的情况基本一致，给人的印象是管理还比较好，暂时没有发现大的问题。因此审计组决定编制常规审计方案，按常规项目实施审计。

根据拟订的审计方案，审计组重点审查建设程序、工程结算依据、工程计量和工程价款核算等。审查基本建设程序时，重点检查是否遵守国家基本建设程序规定，有无违反招投标规定、违规签订合同等问题；审查工程结算时，重点检查是否按合同约定及相关规范编制工程结算，有无高估冒算、无依据乱编结算等问题；审查工程变更及价款调整时，重点检查是否符合设计、合同、规范等要求，检查变更依据是否充分、变更手续是否齐备等。

为了加快审计工作进度，审计组分5个小组分别对5条道路工程的结算资料、招投标资料及项目财政评审资料以及过程资料等进行了审计，发现5条路投标报价均未超过最高限价，投资控制基本合理。但其中2个小组反映，施工单位中标合同价中部

分非控价项目清单单价超出常规 4~5 倍,不知是如何中标的?于是,审计组决定将 5 个小组分别审计的 5 条道路的全部清单进行综合对比,发现合同清单与结算中除招标时注明的控价项目清单外,5 条路的部分非控价项目清单之间的价差特别大,其中有 3 条路的投标报价和结算价符合市场走势,有 2 条道路的投标报价和结算价明显偏离市场价格。审计人员初步判断,可能是投标单位采用了不平衡报价,也可能是工程量清单的特征描述不相同而导致的单价差异。

为了弄清情况,审计人员从财政评审资料、投标资料、结算资料等进行逐级排查,经过审计人员仔细对比分析,发现有 2 条道路工程中原财政评审报告注明的暂列金共计 1 028 万元没有在招标与投标清单中体现。最高限价没有变化,其组成中少列了 1 028 万元的暂列金,自然放大了施工单位的逐利空间,施工单位为了利益最大化,必然要贴近最高限价报价,这样施工单位只能在非控价项目清单上做文章,所以导致了这 2 条道路的非控价项目清单价格大幅偏差。这样的结果,自然让审计人员产生诸多疑问:业主单位是怎么管理的?施工单位投标报价这么大的偏差,评标时为何评标专家们没有发现?建设中委托了跟踪审计单位,为何没有提及这个问题?

(三)发现问题及定性依据

针对发现的一些疑点,审计人员坚持问题导向,逐一对业主单位、招标代理公司、区财政投资评审中心、财政委托评审咨询单位、跟踪审计单位等展开调查并取证。由于时间间隔较长,有些经办人员已离开原单位,调查相对比较困难。通过审计人员的不懈努力和局领导的多方协调指导,最终搞清了暂列金问题的基本轮廓。

经调取相关单位的管理资料、相关文档及传输过程,以及审计人员对相关当事人的询问情况,初步判断问题就出在业主单位与招标代理公司。因为从财政提供的资料看,财政评审报告内容清楚、清单项目完整,可以排除财政评审的问题。从业主单位与招标代理机构看,业主单位说自己直接将财政评审的资料交给了代理公司,而代理公司说发布的清单就是业主给定的,自己没有做任何修改。据调查,业主与代理公司均有责任。业主单位在与招标代理公司交接过程中,未认真检查招标清单的内容完整性,遗漏了 2 条道路中经财政评审确定的暂列金;而招标代理公司发布最高限价和招标文件时,直接将业主提供的资料在网上进行发布,没有对清单和最高限价及组成进行详细审查,没有认真审核招标文件附件的完整性、准确性,疏忽了招标清单中的暂列金,没有尽到代理职责。

施工单位在获取招标文件后,经计算和分析发现了招标文件及附件存在的这一漏洞。施工单位为了达到既能中标,又能在中标后获得超值收益,故未就招标清单存在的漏洞提出质疑,而是采取了提高非控价项目清单单价的投标策略,采用不平衡报价法投标,以期中标后获取高额回报。于是,施工单位将招标文件遗漏的暂列金 1 028 万元分解到部分非控价项目清单上,致使 2 条道路的部分合同清单单价偏离市场 4~5 倍。至此,审计人员基本弄清了部分结算单价偏高的具体原因。

（四）审计建议及处理结果

面对遗漏暂列金1 028万元所引发的一系列问题的处理，业主单位、施工单位各执一词，真是"公说公有理，婆说婆有理"。业主单位认为，本单位缺少技术人才和行家里手，工作上的漏洞和疏忽让施工单位钻了空子，造成了工作上的被动，也埋下了巨大的政治和经济风险，愿意配合审计做好相关问题的处置工作。施工单位认为，自己按公开发布的招标文件及清单进行投标报价，无论采用哪种投标方法，只要没有违反相关法律法规的规定，中标了就应当按照中标合同约定进行工程造价结算。换言之，暂列金1 028万元换算到其他清单上，就应该按照换算后的清单办理结算。

审计人员认为，暂列金是列入合同中的可能发生的暂估费用，建设过程中可能发生也可能不发生，发生了根据合同约定计算费用，没有发生则不计算费用。简而言之，暂列金是业主的，而不是工程款。施工单位将暂列金分解到其他项目清单中报价是错误的，必须将这1 028万元扣回，同时相关项目单价偏差应参照另外3条道路的投标报价作必要调整。对此，区审计局领导高度重视，召开专门会议研究制订了处理方案和相关的应对措施。一是由区审计局领导出面对业主单位主要领导进行约谈。明确指出，施工单位的投标在程序上是合法的，若诉诸法律，依据招投标法、合同法的规定，其胜诉的概率非常大。若通过做工作，施工单位同意改变中标结果，愿意放弃不当逐利，则可避免1 028万元的经济损失。如果这1 028万元损失不能挽回，业主单位必须承担相应的失职责任。通过与业主单位沟通，统一了思想，确定工作思路和相关原则。二是要求业主单位分管领导和经办人员就工作失误作书面说明，深刻查找剖析原因，传导审计压力，促使相关人员主动去与施工单位沟通，争取施工单位的同情与理解，最终推动相关问题的处理。三是单独约谈施工单位，指出施工单位投标存在的问题。我国相关法律法规规定，投标人的投标应当按照国家的相关法律法规、规范性文件、工程计价原则、相关定额和《工程量清单计价规范》（GB 50500—2013），并结合市场价格进行编制，而施工单位有的项目报价偏离市场4～5倍，明显违反相关规定。在与施工单位的座谈中，明确指出其追逐不当得利的危害，要求其正确对待得与失，主动放弃本来就不该得的利益，树立企业诚信守法的良好形象。四是召开审计、业主、施工单位、跟踪审计单位等参加的座谈会，充分讨论，最终达成调整相关项目工程造价的共识。在大家的共同努力下挽回了暂列金1 028万元，同时对施工单位在结算中的其他问题一并进行了调整，5条道路共计审减2 386万元，有效避免了国有资金的损失。同时，业主单位举一反三，深刻吸取教训，全面清理、修订完善了内部控制制度，推行了管理流程的电子审签制度，项目管理得到明显加强。

（五）总结与启示

通过对该项目的审计，审计组得到如下收获与体会：

（1）对同一合同项目中的各个单项工程或者单位工程，不仅要一个一个地审深审透，而且还要注重各工程项目之间的比较分析，注重从比较中发现问题，捕捉线索；

审计人员在工作中务必谨慎细致，不放过任何细微之处。

（2）审计人员要在不断的学习和实践中磨炼和提升职业素养。要注重从审前调查、工程计量、单价分析、统筹核算、审计取证等各个环节发现问题，善于由表及里、由此及彼，准确地抓住问题的实质，熟练地层层解剖，挖掘问题根源，找到解决问题的最佳办法。本项目通过做好施工单位的思想工作，使其主动放弃不当得利，友好协商解决了相关问题。

（3）要充分运用约谈、座谈等多种形式解决发现的问题。本项目发现问题后，通过约谈被审计单位主要领导，要求相关责任人员写出书面说明，注重向施工单位传导压力等，促成施工单位就相关问题进行和解。最终，通过多方努力成功挽回了施工单位依照招投标结果"该得"的1 028万元，并使其他涉及工程造价的问题得到圆满解决，从而有力地维护了国有资产的安全。同时，通过审计进一步促进业主单位完善了制度，规范了建设项目管理。

第六章 工程合同管理审计与案例

第一节 工程合同管理概述

一、工程合同关键词

(一)建设工程合同

建设工程合同属于《合同法》上的有名合同,是建设工程的发包人为完成工程建设任务,与承包人签订的关于承包人按照发包人的要求完成工作,交付建设工程,并由发包人支付价款的合同。其中:发包人主要是指建设单位,有时也称为委托方;承包人一般包括勘察单位、设计单位和施工单位等。在传统民法上,建设工程合同属承揽合同之一种,德国、日本、法国民法及中国台湾地区相关规定均将对建设工程合同的规定纳入承揽合同中。

(二)履约保证金

履约保证金是履约担保的一种,是工程发包人为防止承包人在合同履行过程中违约,要求承包人事先交纳的一笔担保费用。履约保证金的主要作用是担保承包人完全履行合同,保证按合同约定的质量、标准和工期完成工程。履约保证金的比例为工程造价的 5%~10%,具体执行比例由招标方根据工程造价情况确定。履约保证金的有效期应当至工程竣工验收合格备案后的第二天。工程招标人要求中标人缴纳履约保证金的,应当在招标文件中明确规定,否则,中标后无权要求中标人提交履约保证金。有的招标人在招标文件中注明投标人中标后投标保证金将自动转为履约保证金,如投标保证金金额少于履约保证金数额,还需要补交。

(三)保修期

建设工程保修期是指在正常使用条件下,建设工期的最低保修期限。《建设工程质量管理条例》第三十二条规定:施工单位对施工中出现质量问题的建设工程或者竣工验收不合格的建设工程,应当负责返修:保修期自竣工验收合格之日起计算,在正常使用条件下,建设工程的最低保修期限为:

(1)基础设施工程、房屋建筑的地基基础工程和主体结构工程,为设计文件规定的该工程的合理使用年限。

（2）屋面防水工程、有防水要求的卫生间、房间和外墙面的防渗漏，为5年。

（3）供热与供冷系统，为2个采暖期、供冷期。

（4）电气管线、给排水管道、设备安装和装修工程，为2年。

（四）缺陷责任期

缺陷责任期指建设工程质量不符合工程建设强制性标准、设计文件以及承包合同的约定，承包人按照合同约定承担缺陷修复义务，且发包人预留质量保证金的期限。缺陷责任期自工程通过竣工验收之日起计算，由于发包人原因导致工程无法按规定期限进行竣工验收的，在承包人提交竣工验收报告90日后，工程自动进入缺陷责任期。缺陷责任期一般为1年，最长不超过2年，由发、承包双方在合同中约定。缺陷责任期满，发包人应当退还承包人质量保证金，但承包人仍然按规定承担工程的保修责任。

（五）质量保证金

质量保证金在实践中经常被称为保修金，但其对应的保修责任期限是缺陷责任期，而非保修期。质量保证金是指发包人与承包人在建设工程承包合同中约定，从应付的工程款中预留，用以保证承包人在缺陷责任期内对建设工程出现的缺陷进行维修的资金。质量保证金的比例不得高于工程价款结算总额的5%，具体比例由发承包双方在合同中约定。承包人在缺陷责任期内履行了保修义务，发包人应在缺陷责任期满后14日内结算，将剩余质量保证金和按工程质量保修书约定的银行利率计算的利息一起返还承包人。承包人已经缴纳履约保证金的，不得再同时预留工程质量保证金。

（六）指定分包

现阶段我国法律对指定分包尚没有明确定义，通常是指发包人直接选定分包人，该分包人与总承包签订合同，或与发包人签订三方合同，通常由发、承包双方在总承包合同中约定某些工程由发包人指定分包人，总承包人没有分包人选择权或选择权较弱。

截至2018年，《建筑法》未对发包人指定分包的合法性做出明确规定。最高人民法院《关于审理建设工程施工合同纠纷案件适用法律问题的解释》第十二条规定，由发包人指定分包人施工的工程，如发生建设工程质量缺陷，发包人应当承担过错责任，该条实质是认可了指定分包的合法性。住房和城乡建设部《房屋建筑和市政基础设施工程施工分包管理办法》第七条规定，建设单位不得直接指定分包工程承包人，任何单位和个人不得对依法实施的分包活动进行干预。虽然住房和城乡建设部的规章对指定分包作了禁止性规定，但由于其层级低于全国人大制定的法律，指定分包的做法，在司法审判实践中不一定会被认定为无效。

二、工程合同管理主要法律依据

(一)《中华人民共和国合同法》

1999年3月15日,《中华人民共和国合同法》由中华人民共和国第九届全国人民代表大会第二次会议通过,自1999年10月1日起施行。该法共11章428条,内容包括一般规定,合同的订立,合同的效力,合同的履行,变更和转让,权利义务终止,违约责任,其他规定,买卖合同,供用电、水、气、热力合同,赠与合同,借款合同,租赁合同,融资租赁合同,承揽合同,建设工程合同,运输合同,技术合同,保管合同,仓储合同,委托合同,行纪合同,居间合同。《合同法》旨在保护合同当事人的合法权益,维护社会经济秩序,促进社会主义现代化建设。

(二)《建设工程质量保证金管理办法》

2017年6月20日,住房和城乡建设部、财政部联合发布《建设工程质量保证金管理办法》(建质〔2017〕138号),自2017年7月1日起施行。该办法共15条,内容包括建设工程质量保证金的界定,招标文件对质量保证金的约定要求,缺陷责任期的计算,保证金的管理、使用,等。该办法台出的目的是规范建设工程质量保证金管理,落实工程在缺陷责任期内的维修责任。

(三)《房屋建筑和市政基础设施工程施工分包管理办法》

2004年2月3日,建设部发布《房屋建筑和市政基础设施工程施工分包管理办法》(建设部令第124号),自2004年4月1日起施行。此后,根据2014年8月27日住房和城乡建设部令第19号修正修改并施行。该办法共20条,内容包括各级主管部门职责、施工分包的界定、分包工程管理规定、分包主体的责任、禁止的情形、处罚等。该办法的出台是为了规范房屋建筑和市政基础设施工程施工分包活动,维护建筑市场秩序,保证工程质量和施工安全。

(四)《关于审理建设工程施工合同纠纷案件适用法律问题的解释》

2004年10月25日,最高人民法院发布《关于审理建设工程施工合同纠纷案件适用法律问题的解释》(法释〔2004〕14号),自2005年1月1日起施行。其内容包括建设工程施工合同无效的情形、建设工程施工合同无效后对工程的处理方式、工程垫资的处理规定、解除合同的规定、工程相关主体对工程质量的责任、竣工日期争议的处理、工程结算的争议的处理等。该司法解释的发布是为了正确审理建设工程施工合同纠纷案件,依法保护当事人合法权益,维护建筑市场秩序,促进建筑市场健康发展。

(五)《关于审理建设工程施工合同纠纷案件适用法律若干问题的解释(二)》

2018年12月29日,最高人民法院发布《关于审理建设工程施工合同纠纷案件适用法律问题的解释（二）》（法释〔2018〕20号），于2019年2月1日起施行。该司法解释针对建筑市场的新变化、司法实践的新问题、管理政策的新突破，对建设工程施工合同效力、建设工程价款结算、建设工程鉴定、建设工程价款优先受偿权和实际施工人权利保护等问题作了规定。

（六）《建筑工程施工发包与承包违法行为认定查处管理办法》

2019年1月3日，住房和城乡建设部发布《建筑工程施工发包与承包违法行为认定查处管理办法》（建市规〔2019〕1号），自2019年1月1日起施行。该办法共21条，内容包括违法发包、转包、挂靠、违法分包的定义、认定、处罚等。该办法发布的目的是规范建筑工程施工发包与承包活动中违法行为的认定、查处和管理，保证工程质量和施工安全，有效遏制发包与承包活动中的违法行为，维护建筑市场秩序和建筑工程主要参与方的合法权益。

三、工程合同的种类

（一）按合同性质划分

《合同法》将建设工程合同按性质分为三类：建设工程勘察合同、建设工程设计合同、建设工程施工合同。

1．建设工程勘察合同

建设工程勘察合同的主体是发包人和勘察单位，签订合同的目的是探明拟建工程所在地的地质条件，对建筑地基作出岩土工程评价，为设计单位开展工程基础设计、地基处理和加固、不良地质现象的防治工程等提供参数和依据，明确合同双方权利义务。建设工程勘察合同的标的是为开展工程设计所需的勘察成果，即工程地质条件的各项技术参数。建设工程必须遵循建设程序，依照先勘察后设计的顺序完成，工程设计工作开始前，必须具有勘察成果。我国对工程勘察实施许可管理，承担工程勘察任务的勘察单位应具有法人资格，并经国家或省级主管机关批准持有勘察许可证。

2．建设工程设计合同

建设工程设计合同的主体是发包人和设计单位，签订合同的目的是为工程施工提供设计文件，明确合同双方权利义务。建设工程设计合同的标的是为建设工程施工所需的设计成果。建设工程必须遵循建设程序，依照先设计后施工的顺序完成，工程招标投标和施工开始前，必须具有设计文件。我国对工程设计实施许可管理，承担工程设计任务的设计单位应具有法人资格，并经国家或省级主管机关批准持有设计许可证。

3．建设工程施工合同

建设工程施工合同的主体是发包人和施工单位，签订合同的目的是完成建设工程施工，明确合同双方权利义务。我国对建设工程施工合同承包人（即施工单位）的主体资格要求严格，承包人应具有法人资格，为签订施工合同，承包人还应提供施工资质等级证明、营业执照、安全生产合格证、项目经理等管理人员的执业资格等资料，外地建设企业进驻当地施工，还应当根据当地政府的有关规定办理必要的手续。建设工程施工合同有非常重要的作用，是按既定目标完成工程建设的重要依据。建设工程施工合同条款很多也比较复杂。

（二）按计价方法划分

根据合同计价方式的不同，建设工程合同可以分为总价合同、单价合同和成本加酬金合同三种类型。

1．总价合同

总价合同指签订合同时，规定合同的任务范围，并约定一个总价。总价合同使双方都能事先明确任务内容和应该支付或获得的合同价款。总价合同又可以分为固定总价合同和可调总价合同。固定总价合同在工程结束时以合同约定总价结算，不因任何因素调整，适用于工程前期准备工作充分、设计文件完整且质量较高、不会增加工程范围的工程，这类工程通常工程量小且能准确计算、工期较短、技术不太复杂、风险不大。可调总价合同适用于工期长、较复杂的工程，这类工程影响因素多，出现变更和签证的可能性大，风险也比较大，履行合同中出现属于约定范围的可调因素时，可以调整合同总价。

2．单价合同

单价合同是在合同中将需要完成的工程内容拆分成可以计算的最小单元，这些单元通常细化到分部分项工程，列出每个分部分项工程的工程量、计量单位和单价，再汇总计算工程总价的合同。单价合同需要明确工程量的计算方式，为了得到双方的认可，通常采用国家或地区发布的工程量计算规则，工程单价则通过工程招投标过程，由投标单位自主报价，中标签订合同后，双方在合同中予以认可。单价合同也可以分为固定单价合同和可调单价合同：对简单的工程，可以采用固定单价的方式；对复杂的工程，要事先约定好单价调整的原则和调整方式。

3．成本加酬金合同

成本加酬金合同是在合同中约定完成工程所需的成本，再以此为基础计算酬金的合同。这类合同对于承包人没有任何风险，而发包人则承担工程成本上升的所有风险，不利于承包人在工程中降低成本。成本加酬金合同通常适用于紧急状况下的工程，如抢险救灾工程。成本加酬金合同按照酬金计算方式的不同，又分为以下几种形式：成本加固定费用合同、成本加定比费用合同、成本加奖金合同、成本加固定最大酬金合同、成本加保证最大酬金合同、成本补偿加费用合同、工时及材料补偿合同。

（三）按承包方式划分

1．总承包合同

建设工程总承包合同是发包人将全部工程发包给总承包人，总承包人在工程竣工后交付工程，发包人支付工程款的合同。总承包合同通常用于大中型项目和基础设施项目的建设，总承包合同的内容可以包括工程建设程序中的全部或一部分工作。实行工程总承包可以充分发挥总承包人的专业技能和管理能力，达到节约投资、缩短工期、保证质量、提高经济效益的目的。工程总承包合同对总承包人的要求较高，要求总承包人有较强的技术经济实力和组织管理能力。按照国际惯例，专业设计公司只负责方案设计和初步设计，施工图设计由总承包人完成，国际上一些大承包人往往和勘察设计机构组成一体化的承包公司，或更进一步扩展到若干专业承包人和器材生产供应厂商，形成横向的经济联合体，以增强竞争实力。为促进工程总承包的发展，我国鼓励设计单位在工程设计施工总承包中发挥主导作用，有效避免当前设计单位与施工单位在工程施工中协调难的问题。

2．工程分包合同

在工程总承包形式下，允许总承包人将中标工程的一部分分包给其他承包人完成，由总承包人与分包人订立工程分包合同。总承包人对外分包的工程必须是总承包合同条款中允许分包的部分，总承包人不得肢解工程分包，也不得转包工程，分包人不允许再分包。允许分包的内容通常有：工程技术服务，如工程可行性研究、工程勘察、设计等；专业工程施工，如土石方工程、深基础处理、幕墙工程、各种专用设备系统安装等。总承包人为工程分包提供总承包服务，包括为专业承包人的工作提供水、电、架料等施工便利条件，并协调工地现场各方的关系。

3．劳务分包合同

劳务分包合同的承包人只提供完成工程项目所需的全部施工人员和管理人员，不提供施工材料，劳务分包俗称"包工不包料"，或"清工合同""包清工"。劳务分包合同的发包人可以是总承包人或者专业承包人。在工程施工过程中，劳务分包人仅按发包方的要求提供劳务，不承担提供任何材料的义务，也不承担劳务项目以外的其他任何风险。我国在对外承包工程以及在国内工程中使用农村建筑队伍，都存在这种合同形式。

（四）按合同标的不同划分

建设工程合同按合同标的不同划分为勘察合同、设计合同、施工合同、招投标代理合同、监理合同、工程咨询合同、物资采购合同、工程保险合同、工程担保合同等。

四、施工合同的主要内容与解释顺序

（一）施工合同的主要内容

建设工程施工合同是建设工程的主要合同类型之一，2017版《建设工程施工合同（示范文本）》（GF-2017-0201）借鉴了国际上广泛使用的FIDIC土木工程施工合同条款，由住房和城乡建设部、工商行政管理局联合发布，主要由协议书、通用条款、专用条款三部分组成，并附有三个附件：承包人承揽工程项目一览表、发包人供应材料设备一览表、工程质量保修书。

协议书是《建设工程施工合同（示范文本）》中总纲性的文件。协议书文本简洁，概括性地规定了合同当事人双方最主要的权利和义务，规定了组成合同的文件种类以及合同当事人对履行合同义务的承诺。协议书由合同当事人签字盖章，具有很高的法律效力。

通用条款是根据《合同法》《建筑法》和《建设工程施工合同管理办法》等法律、法规对承发包双方的权利和义务作出的具体规定，除双方协商一致在专用条款中对某些条款作修改、补充或取消外，双方都必须履行。通用条款提取了建设工程施工合同中共性的内容，具有很强的通用性，基本适用于各种类型的建设工程。

专用条款是对通用合同条款原则性约定的细化、完善、补充、修改或另行约定的条款。由于具体工程的工作内容各不相同，施工现场和外部环境不同，发包人和承包人的管理能力、经验也不同，合同当事人可以根据不同建设工程的特点及具体情况，通过双方的谈判、协商对相应的专用合同条款进行修改补充。

建设工程施工合同的主要内容包括以下几项：工程概况，如工程名称、地点、建筑面积、承包范围和内容等；承包方式；工程造价；开、竣工日期及工期；设计文件和技术资料提供日期及数量；场地提供日期；工程竣工验收；工程质量标准；缺陷责任期；工程价款的结算方式、支付方式；材料设备的供应及进场期限；工程变更；违约、索赔和争议；当事人约定的其他事项。

（二）施工合同文件的组成及解释顺序

组成合同的各项文件应互相解释，互为说明。除专用合同条款另有约定外，当合同文件出现不一致时，其优先解释顺序为：合同协议书；中标通知书；投标函及其附录；专用合同条款及其附件；通用合同条款；技术标准和要求；图纸；标价工程量清单或预算书；其他合同文件。以上各项合同文件，包括合同当事人就该项合同文件所作出的补充和修改，属于同一类内容的文件，应以最新签署的为准。当合同文件出现含糊不清或者当事人有不同理解时，按照合同争议的解决方式处理。

第二节 工程合同管理主要工作与存在的问题

一、工程合同管理主要工作

建设工程合同管理是对工程项目建设过程中相关合同的策划、签订、履行、变更、索赔和争议解决的管理，是工程项目管理的重要组成部分。由于工程合同的种类很多，参与主体也很多，不同主体对不同的合同实施管理的内容和重点都有所不同，本部分仅讨论建设工程施工合同管理。

（一）合同的策划

在建筑工程市场中，发包人处于主导地位，对于发包人的合同决策，承包人常常必须执行或服从（如招标条件、合同条件）。发包人合同策划主要内容包括：合同种类的选择；合同条件的选择；重要合同条款的确定，如适用的法律、付款方式、合同价格的调整、材料设备的供应、工程变更、合同风险的分担及违约责任。承包人合同策划主要是对工程建设合作方式的选择，根据工程具体情况选择独立承包、分包或成立联合公司。

（二）合同的分析

合同分析贯穿于合同签订前、合同履行中以及合同终止后。合同签订前的分析有利于识别合同风险，为全面、适当履行合同奠定基础；合同履行中的分析是为了正确行使权利、履行义务，及时提出索赔以及正确处理合同争议；合同终止后的分析是为了总结合同签订、履行以及管理中的经验和失误，为将来的合同管理工作提供借鉴。合同分析主要有以下内容：

（1）合同的法律基础分析，即分析施工合同的合法性。施工合同必须在合同法律基础的范围内实施，否则会导致施工合同全部或部分无效。

（2）合同种类分析。不同种类的合同，其性质、特点、履行方式不同，双方的责权利关系和风险分配不一样。这直接影响合同双方责任和权利的划分以及合同管理、索赔与反索赔。

（3）合同范围分析，即明确工程施工范围、合同文件的组成和解释优先次序，如果在合同实施过程中合同范围有重大变更应做出特别说明。

（4）承包人权利和责任分析，即主要分析合同条件中承包人的总任务、承包范围、工程质量、施工安全、工程变更的规定。

（5）发包人权利和责任分析。发包人的合作责任是承包人顺利完成合同所规定任务的前提，发包人的权利也是承包人的合同责任，是承包人容易产生违约行为的地方。

（6）合同价格分析，即分析：合同所采用的计价方法及合同价格所包括的范围；工程量计量程序，工程预付款、进度款、中间结算、竣工结算的方法和程序；合同价格的调整、费用索赔条件、价格调整方法、计价依据以及索赔有效期规定；拖欠工程款的合同责任。

（7）施工工期分析。在工程施工中，由于影响因素多且具有不确定性，工期拖延极为常见，对合同履行和索赔的影响很大。施工工期重点分析合同规定的开竣工日期、主要工程活动工期、工期的影响因素、获得工期补偿的条件和可能性。施工工期分析主要采用网络计划图进行。

（8）违约责任分析。如果合同一方未遵守合同规定造成对方损失，应受到相应的合同处罚，如由于承包人不能按时完成工程的违约处罚条款。

（9）验收、移交和保修条款分析。该部分内容重点分析工程验收要求、时间、程序和验收所带来的法律后果，分析工程移交的条件和程序，分析出现质量问题时应履行的保修责任和时限要求、保修金的使用以及退还规定。

（10）违约责任和争议的解决分析。该部分内容主要分析索赔的程序、争执的解决方式和程序、仲裁条款。

（三）合同的订立

1．合同订立的程序

合同订立要经过要约和承诺两个步骤。发包人的招标文件在性质上属于要约邀请，不具有法律约束力，但它的内容对中标签约和合同履行影响很大，必须予以重视。投标人根据招标文件递交的投标文件是要约。作为要约，投标文件可以补充、修改、撤回和撤销。《合同法》规定，要约在到达受要约人之前可以撤回，在受要约人发出承诺通知前可以撤销；《招标投标法》规定，投标文件在要求提交的截止时间前可以补充修改和撤回。经开标、评标和定标，发包人发出中标通知书，意味着承诺的产生。要约一经承诺，合同关系即告成立。所以定标以后，不允许再对招投标文件进行擅自变更。《招标投标法》规定，中标通知书对招标人和中标人具有法律效力。

2．合同订立的条件

订立建设工程施工合同必须具备以下条件：初步设计和总概算已经批准；国家投资的工程项目已经列入国家或地方年度建设计划；有能够满足施工需要的设计文件和有关技术资料；建设资金和重要建筑材料设备来源已经落实；建设场地、水源、电源、道路已具备或在开工前完成；工程发包人和承包人具有签订合同的相应资格；工程发包人和承包人具有履行合同的能力；中标通知书已经下达。

（四）合同的履行

1．合同的跟踪

在工程实施过程中，实际情况千变万化，导致合同实施与预定目标（计划和设计）偏离。如果不采取措施，这种偏差常常由小到大，逐渐积累。合同跟踪可以不断地找出偏离,不断地调整合同实施,使之与总目标一致。合同跟踪是合同控制的主要手段。通过合同实施情况分析,在整个工程建设过程中,项目管理人员可清楚地了解合同实施现状、趋向和结果,出现问题时,找出偏离,以便及时采取措施,调整合同实施过程,达到合同总目标。

(1)合同跟踪的依据。合同跟踪时,判断实际情况与计划情况是否存在差异的依据主要有:合同和合同分析的结果,如各种计划、方案、合同变更文件等,它们是进行判断和比较的基础,是合同实施的目标和方向;各种实际的工程文件,如原始记录、各种工程报表、报告、验收结果、量方结果等;工程管理人员每天对现场情况的直观了解,如施工现场的巡视、与各种人谈话、召集小组会议、检查工程质量、量方、报表、报告等。

(2)合同跟踪的对象。对具体的合同事件进行跟踪:对照合同事件表的具体内容,分析该事件的实际完成情况。合同跟踪的对象一般包括:完成工作的数量、质量、时间、费用等情况,检查每个合同活动或合同事件的执行情况。当实际与计划存在较大偏差时,找出偏差的原因和责任。

2. 合同的诊断

合同诊断是在合同跟踪的基础上进行的。合同诊断是对合同执行情况的评价、判断和趋向分析、预测。它包括如下内容:

(1)合同执行差异的原因分析。通过对不同监督和跟踪对象的计划和实际的对比分析,我们不仅可以得到合同执行的差异,而且可以探索引起这个差异的原因。原因分析可以采用鱼刺图、因果关系分析图(表)、成本量差、价差、效率差分析等方法定性或定量地进行。上述每一类偏差原因还可进一步细分,如引起工作效率低下可以分为内部干扰和外部干扰。内部干扰,如:施工组织不周全、夜间加班或人员调遣频繁;机械效率低,操作人员不熟悉新技术,违反操作规程,缺少培训;经济责任不落实,工人劳动积极性不高;等。外部干扰,如:图纸出错,设计修改频繁;气候条件差;施工场地狭窄,现场混乱,施工条件如水、电、道路等受到影响;等。在上述基础上还应分析出各原因对偏差影响的权重。

(2)合同差异责任分析,即分析合同执行差异产生的原因、造成合同执行差异的责任人或有关的人员,这常常是索赔的理由。只要以合同为依据,分析详细,有根有据,则责任自然清楚。

(3)合同实施趋向预测,即考虑不采取调控措施和采取调控措施,以及采取不同的调控措施情况下合同的最终执行结果:① 最终的工程状况,包括总工期的延误、总成本的超支、质量标准、所能达到的生产能力(或功能要求)等;② 承包人将承担什么样的后果,如被罚款、被清算,甚至被起诉,对承包人资信、企业形象、经营战略的影响等;③ 最终工程经济效益(利润)水平。

3．合同实施情况偏差处理

根据合同实施情况偏差分析的结果，承包人应采取相应的调整措施。调整措施可分为：组织措施，如增加人员投入，重新进行计划或调整计划，派遣得力的管理人员；技术措施，例如变更技术方案，采用新的更高效率的施工方案；经济措施，如增加投入及对工作人员进行经济激励等；合同措施，例如进行合同变更，签订新的附加协议、备忘录，通过索赔解决费用超支问题，等。合同措施是承包人的首选措施，该措施主要由承包人的合同管理机构来实施。承包人采取合同措施时通常应考虑如何保护和充分行使自己的合同权利，以及充分限制对方的合同权利，找出发包人的责任。

4．合同实施后评价

在合同执行后进行合同后评价，将合同签订和执行过程中的利弊得失、经验教训总结出来，作为以后工程合同管理的借鉴。它包括：合同签订情况评价、合同执行情况评价、合同管理工作评价、合同条款分析。

（五）合同变更管理

合同变更有广义和狭义之分。广义的合同变更是指合同法律关系的主体和合同内容的变更。狭义的合同变更仅指合同内容的变更，不包括合同主体的变更。

合同主体的变更是指合同当事人的变动，即原来的合同当事人退出合同关系而由合同以外的第三人替代，第三人称为合同的新当事人。合同主体的变更实质上就是合同的转让。合同内容的变更是指在合同成立以后、履行之前或者在合同履行开始之后尚未履行完毕之前，合同当事人对合同内容的修改或者补充。本书所指的合同变更是指合同内容的变更，即改变工程的外观、标准、功能及其实施方式等，在工程实践中又称为工程变更。

1．变更原因

工程师在合同履行管理中应严格控制变更，不允许随意变更工程设计。工程变更一般有以下几个方面的原因：

（1）发包人新的变更指令、对建筑的新要求，如发包人有新的意图、发包人修改项目计划、削减项目预算等。

（2）由于设计人员、监理方人员、承包人事先没有很好地理解发包人的意图，或设计的错误，导致图纸修改。

（3）工程环境的变化，预定的工程条件不准确，要求实施方案或实施计划变更。

（4）由于产生新技术和知识，有必要改变原设计、原实施方案或实施计划，或由于发包人指令及发包人责任的原因造成承包人施工方案的改变。

（5）政府部门对工程新的要求，如国家计划变化、环境保护要求、城市规划变动等。

（6）由于合同实施出现问题，必须调整合同目标或修改合同条款。

2．变更范围

除专用合同条款另有约定外，合同履行过程中发生以下情形的，应进行变更：
（1）增加或减少合同中任何工作，或追加额外的工作。
（2）取消合同中任何工作，但转由他人实施的工作除外。
（3）改变合同中任何工作的质量标准或其他特性。
（4）改变工程的基线、标高、位置和尺寸。
（5）改变工程的时间安排或实施顺序。

3．变更的提出与批准

发包人、监理单位、承包人、设计单位均可根据需要提出工程变更，但工程变更是为了工程能顺利完成而赋予发包人单方面的权力，最终只能由发包人批准，发包人也可以将权力授予监理工程师。监理工程师发出工程变更的权力，应在施工合同中明确约定，通常在发出变更通知前应征得发包人批准。承包人收到经发包人签认的变更指示后，方可实施变更。未经许可，承包人不得擅自对工程的任何部分进行变更。设计变更应由设计单位提供变更后的图纸和说明，如变更超过原设计标准或批准的建设规模时，发包人应及时办理规划、设计变更等审批手续。

4．变更形式

（1）设计变更由设计单位以补充图纸或设计变更通知单的形式发出，经监理工程师、发包人签字同意后实施。
（2）技术核定单或工程洽商变更主要由施工单位发出，处理施工过程中的技术问题，如改变施工方案、施工方法、工艺、措施等，材料代用、发现设计错误、施工条件变化等，经监理工程师、发包人签字同意后实施。

5．变更责任分析与补偿要求

变更责任分析与补偿要求即根据工程变更的具体情况分析工程变更的责任方和费用补偿。发包人要求、政府部门要求、环境变化、不可抗力、原设计错误等导致的设计修改，应该由发包人承担责任，由此造成的施工方案变更以及工期的延长和费用的增加应该向发包人索赔。承包人的施工过程、施工方案出现错误、疏忽而导致的施工方案变更和设计修改应该由承包人承担责任，由此引起的费用增加和工期延长应该由承包人承担责任。

（六）工程索赔

1．工程索赔的分类

建设工程索赔是指在工程合同履行过程中，合同当事人一方因对方不履行或未能正确履行合同或者由于其他非自身因素而受到经济损失或权利损害，通过合同规定的程序向对方提出经济或时间补偿要求的行为。索赔主要分类方式如下：

（1）按照索赔目的和要求分类，有工期索赔和费用索赔。工期索赔是指承包人向发包人或分包人向承包人要求延长工期；费用索赔，即要求补偿经济损失，调整合同价格。

（2）按索赔的合同依据分类，有合同内索赔、合同外索赔和道义索赔。合同内索赔是直接引用合同条款作为索赔依据的施工索赔，分为合同明示的索赔和合同默示的索赔两种。合同外索赔是索赔内容虽在合同条款中找不到依据，但可从有关法律法规中找到依据的索赔。合同外的索赔通常表现为对违约造成的间接损害和违规担保造成的损害索赔，可在民事侵权行为的法律规范中找到依据。道义索赔是承包人既在合同中找不到索赔依据，发包人也未违约或触犯法规，但因损失确实太大，自己无法承担而向发包人提出的给予优惠性补偿的请求，如承包人投标时对工程风险估计不足，投低价标，工程施工中发现比原先预计的困难大得多，以致无法完成合同，某些发包人为使工程顺利进行，会同意根据实际情况给予一定的补偿。

（3）按照处理索赔的方式分类，有单项索赔和总索赔。单项索赔只针对某一干扰事件提出，原因和责任较为单一。其索赔的处理是在合同实施过程中、干扰事件发生时或者发生后立即进行，在合同规定的索赔有效期内向发包人提交索赔报告，处理起来比较简单。总索赔又称为一揽子索赔，是指在工程建设过程中，某些单项索赔的原因和处理比较复杂，无法立刻解决，或发包人拖延答复单项索赔而使之得不到及时解决，或堆积至工程后期的工期索赔，等，在这些情况下，承包人在工程竣工前把工程进行过程中未解决的单项索赔集中起来，提出一份总索赔报告，合同双方在工程交付前后进行最终的谈判，一揽子解决索赔问题。总索赔的处理和解决比较复杂，承包人必须保存全部工程资料和其他可作为索赔证据的资料。对于某些索赔额度巨大的一揽子索赔，为提高索赔成功率，承包人往往需要聘请法律、索赔专家，甚者成立专门的索赔小组或委托索赔咨询公司来处理索赔事件。

2．索赔处理的程序

工程建设中发生索赔事件是不可避免的，但必须重视，要正确合理地进行处置。索赔事件的处理和解决受到诸多条件的制约，如合同背景、承包人和发包人的管理水平及双方处理索赔的业务能力等，索赔的成功不仅在于索赔事实本身，更在于是否具有充实的证据，是否拥有合同约定及法律条款的支持。索赔处理的一般程序如下：

（1）索赔意向通知。

工程实施过程中发生索赔事件后，或者承包人发现索赔机会，首先要提出索赔意向，即在合同规定时间内将索赔意向用书面形式及时通知发包人或者工程师，向对方表明索赔愿望、要求或者声明保留索赔权利。索赔意向通知要简明扼要地说明索赔事由发生的时间、地点、简单事实情况描述和发展动态、索赔依据和理由、索赔事件的不利影响等。

（2）索赔资料的准备。

索赔资料准备阶段的主要工作有：跟踪和调查干扰事件，掌握事件产生的详细经过；分析干扰事件产生的原因，划清各方责任，确定索赔根据；损失或损害调查分析与计算，确定工期索赔和费用索赔值；搜集证据，获得充分而有效的各种证据；起草索赔文件。

（3）索赔文件的提交。

提出索赔的一方应在合同规定的时限内向对方提交正式的书面索赔文件，例如，《建设工程施工合同（示范文本）》规定，承包人必须在发出索赔意向通知后的28天内或经过工程师同意的其他合理时间内向工程师提交一份详细的索赔文件和有关资料。如果干扰事件对工程的影响持续时间长，则承包人应按工程师要求的合理间隔（一般为28天）提交中间索赔报告，并在干扰事件影响结束后的28天内提交一份最终索赔报告，否则将失去该事件请求补偿的索赔权利。

（4）索赔文件的审核。

对于承包人向发包人的索赔请求，索赔文件首先应该交由工程师审核。工程师根据发包人的委托或授权，对承包人索赔的审核工作主要分为：判定索赔事件是否成立和核查承包人的索赔计算是否正确、合理，并可在授权范围内作出判断；初步确定补偿额度，或要求补充证据、修改索赔报告等。工程师对索赔的初步处理意见要提交发包人。

（5）发包人审查。

对于初步处理意见，经发包人审查和批准后，工程师才可以签发有关证书。当索赔额度超过了工程师权限范围时，应由工程师将审查的索赔报告报请发包人审批，并与承包人谈判解决。

（6）协商。

对于工程师的初步处理意见，发包人和承包人不接受或其中的一方不接受时，三方可就索赔的解决方式进行协商，达成一致；如果经过努力无法就索赔事宜达成一致意见，则发包人和承包人可根据合同约定选择采用仲裁或诉讼方式解决。

（七）争议的处理

合同争议是指合同当事人对于自己与他人之间的权利行使、义务履行与利益分配有不同的观点、意见、请求的法律事实。建设工程项目合同争议的产生原因主要包括以下几点：一是工程项目主体不符合要求（如法人资格、职业资格等）；二是工程项目合同条款不全，约定不明确；三是工程项目合同缺乏具体违约责任；四是不可抗力原因（如对暴雨、暴雪、狂风等的界定）；五是其他导致合同争议的原因（如合同当事人的风险防范意识较差，存在非法分包和违法转包，缺乏有效的诚信机制，等）。

根据《合同法》和《仲裁法》的相关规定，解决建设项目合同纠纷主要有四种方式，即协商、调解、仲裁和诉讼。当发生项目合同争议时，通常按照如下程序进行：首先双方协商解决，即在相互谅解的基础上，在彼此都认为可以接受继续合作的基础上达成和解协议。当经过反复磋商，双方相持不下、无法达成协议时，则通过调解解决，即由第三者从中调停，促进双方当事人和解，当事人达成协议的内容，调解书一经送达，即发生法律效力。当调解不能达成协议的，或者达成协议后又反悔的，如合同中订有仲裁条款，应将纠纷提交仲裁机关进行裁决，仲裁具有"准司法"性质，仲裁机构做出的仲裁裁决具有法律效力，当事人应当履行。当事人如果没有仲裁协议，任何一方均可以向人民法院提起民事诉讼，请求人民法院对合同纠纷依法予以处理。

二、工程合同管理存在的问题

（一）合同无效

施工合同的无效情形主要是指《合同法》第五十二条第五项规定的，违反法律、行政法规的强制性规定的合同无效。这里的"法律"是指全国人大及其常委会制定颁布的法律，行政法规指国务院制定颁布的法规，不包括地方性法规。合同无效主要包括以下情形：

1. 挂　靠

挂靠是指单位或个人以其他有资质的施工单位的名义承揽工程的行为。承揽工程的行为，包括参与投标、订立合同、办理有关施工手续、从事施工等活动。由于国家基础建设的大规模上马，城镇化步伐的加快，投融资渠道不畅，建设工程高利润回报加之管理存在很多不足，不具有法定资质的民营企业和实际投资人借用具有相应资质企业名义承揽工程的情况普遍存在。《建筑工程施工发包与承包违法行为认定查处管理办法》第十条明确规定了属于挂靠的几种情形，具体表现有：没有资质的单位或个人借用其他施工单位的资质承揽工程的；有资质的施工单位相互借用资质承揽工程的，包括资质等级低的借用资质等级高的，资质等级高的借用资质等级低的，相同资质等级相互借用的；以及该办法第八条第一款第（三）至（九）项规定的，具有转包特征但有证据证明属于挂靠的情形。《建筑法》第二十六条、《建设工程质量管理条例》第二十五条都有禁止挂靠的规定。挂靠属于违法行为，签订的建设工程合同属于无效合同。

2. 违法发包

违法发包是指建设单位将工程发包给个人或不具有相应资质的单位、肢解发包、违反法定程序发包及其他违反法律法规规定发包的行为。《建筑工程施工发包与承包违法行为认定查处管理办法》第六条规定了五种情形属于违法发包：建设单位将工程发包给个人的；建设单位将工程发包给不具有相应资质的单位的；依法应当招标未招标或未按照法定招标程序发包的；建设单位设置不合理的招标投标条件，限制、排斥潜在投标人或者投标人的；建设单位将一个单位工程的施工分解成若干部分发包给不同的施工总承包或专业承包单位的。

3. 违法分包

分包是指从事工程总承包的单位将所承包的建设工程的一部分依法发包给具有相应资质的承包单位的行为，该总承包人并不退出承包关系，其与第三人就第三人完成的工作成果向发包人承担连带责任。《建设工程质量管理条例》第七十八条规定了四种情形属于违法分包：总包单位将工程分包给不具备相应资质的单位或个人的；总包合同中未约定，又未经建设单位认可，总包单位将部分工程交由其他单位完成的；总包单位将工程主体结构的施工分包的；分包单位进行再分包的。

《建筑工程施工发包与承包违法行为认定查处管理办法》第十二条规定了六种情形属于违法分包：承包单位将其承包的工程分包给个人的；施工总承包单位或专业承包单位将工程分包给不具备相应资质单位的；施工总承包单位将施工总承包合同范围内工程主体结构的施工分包给其他单位的，钢结构工程除外；专业分包单位将其承包的专业工程中非劳务作业部分再分包的；专业作业承包人将其承包的劳务再分包的；专业作业承包人除计取劳务作业费用外，还计取主要建筑材料款和大中型施工机械设备、主要周转材料费用的。

4. 转 包

所谓转包，是指承包单位承包建设工程后，不履行合同约定的责任和义务，将其承包的全部建设工程转给他人，或将其承包的全部建设工程肢解以后以分包的名义分别转给其他单位承包的行为。分包和转包的不同点在于，分包工程的总承包人参与施工并自行完成建设项目的一部分，而转包工程的总承包人不参与施工。《建筑工程施工发包与承包违法行为认定查处管理办法》第八条规定了应认定为转包的情形。

法律禁止工程转包。《合同法》第二百七十二条、《建筑法》第二十八条、《建设工程质量管理条例》第二十五条、《房屋建筑和市政基础设施工程施工分包管理办法》第十三条有同样的规定。需要注意，具有劳务作业法定资质的劳务承包人与总包方、分包人签订的劳务分包合同，当事人不能以转包违反法律规定为由请求合同无效。我国法律法规对违法发包、分包、转包的处罚有明确规定。

（二）合同文本缺陷

（1）合同签订后才发现，合同类型选择不当，将可变因素多、风险大的工程签署为固定总价合同；或合同中缺少某些重要的、必不可少的条款，但双方已签字盖章，难以或不可能再做修改或补充。

（2）在合同实施中发现：合同条款的规定含混不清，难以分清双方的责任和权益；

合同条款之间，不同的合同文件之间规定和要求不一致，甚至互相矛盾；合同条款本身缺陷和漏洞太多，对许多可能发生的情况未作估计和具体规定；有些合同条款都是原则性规定，可操作性不强。

（3）合同文字存在歧义，合同双方对同一合同条款的理解大相径庭，在合同实施过程中出现激烈的争执。双方在签约前未就合同条款的理解进行沟通。

（4）合同一方在合同实施中才发现，合同的某些条款对自己极为不利，隐藏着极大的风险，甚至中了对方有意设下的圈套。

（三）黑白合同

"黑白合同"又称为"阴阳合同"，为了规避法律，发包人与承包人之间有时就同一建设工程签订两份不同版本的合同，其中有一份是备案中标合同，即白合同，另一份是实质性内容与中标合同不一致的补充合同或补充协议，即"黑合同"。"黑白合同"对工程结算条款的约定常常不一致，导致合同争议。司法解释规定，出现工程结算争议时以中标备案合同为依据。此外，备案程序不是合同生效的条件，只是行政监管手段，但在出现多个合同版本时，备案合同有利于维护交易秩序和交易规则。

第三节　工程合同管理审计实务工作的重点

一、合同有效性审计

根据《合同法》第五十二条、《建筑工程施工发包与承包违法行为认定查处管理办法》以及《最高人民法院关于审理建设工程施工合同纠纷案件适用法律问题的解释》，建设工程施工合同具有挂靠、违法发包、违法分包、转包等情形的，应当根据《合同法》第五十二条第（五）项的规定，认定无效。在审计时，应按照《合同法》等法律法规的规定，对施工合同文件的有效性进行审查判断，若发现施工合同无效，应建议立即停止合同的履行，对订立无效施工合同的违法行为以及由此产生的经济后果，要依法予以追究。

二、合同主体资格审计

（一）发包人主体资格审计

（1）主体资格：发包人建设工程相关手续应当齐全、完备，如建设投资计划、工程设计应当完成批准手续。

（2）履约能力：发包人的建设资金准备情况，如项目所需资金应当落实、项目资金到位情况能够满足工程建设进度要求等，另外还要查看发包人能否及时提供施工现场条件。

（3）社会资信情况：发包人的信誉和资金实力情况、以往工程承包人的满意度、合同履行过程中履约情况、以往工程是否涉及诉讼情况等。

(二) 承包人的主体资格审计

(1) 资质情况：承包人的真实资质，是否存在越级承包或挂靠情况，合同签订者是否经过权利人的授权等。

(2) 施工能力：承包人的施工实力、技术装备、组织管理、施工经验等情况能否满足本工程实际需要。

(3) 承包人的社会资信情况：承包人的信誉和资金实力情况、以往工程业主的满意度、合同履行过程中违约情况、以往工程是否涉及诉讼情况、承包人受建设行政主管部门奖惩情况等。

(4) 财务情况：承包人近年来财务状况，资金能否满足工程进度要求，是否有拖欠工人工资及被投诉情况，是否有拖欠分包工程款情况，等。

三、合同文本审计

通过对合同文本条款的审计，发现工程施工合同中存在的不完整、不清晰或欠缺情况，提出需要补充的新条款的细化、补充或修改意见，并及时反馈给被审计单位，争取在合同履行之前（或前期），通过发承包双方的商议谈判，另行签订合同的补充约定协议条款，弥补后期合同履行中可能产生的合同纠纷风险和经济损失，可以有效保护合同双方的正当权益。

合同条款审计重点关注：对于合同的专用条款中采用通用条款约定是否恰当，合同条款和现行法律、法规及规范是否冲突，合同条款约定是否与采用的规范标准相一致，在合同条款中是否规定了与所要进行的工作性质有关的风险。合同文本审计具体包括以下内容：

(一) 合同当事人义务的审计

(1) 发包人代表：发包人对发包人代表的授权范围；施工现场、施工条件和基础资料的提供条件、时间；发包人提供资金来源证明的期限、方式要求。

(2) 承包人的一般义务：承包人对项目经理的授权范围，承包人擅自更换项目经理的违约责任。

(3) 承包人人员：承包人擅自更换主要施工管理人员的违约责任。

(4) 分包的一般约定：禁止分包的工程内容，允许分包的专业工程，其他分包的约定，分包合同价款支付的约定。

(5) 监理人的一般规定：监理内容、监理权限，总监理工程师，监理人的其他约定；在发包人和承包人不能通过协商达成一致意见时，发包人授权监理人对相关事项的约定。

（二）合同价款及调整的审计

（1）检查合同协议书中合同价款的填写是否按照招标文件的规定执行。招标工程的合同价款由发包人、承包人依据中标通知书中的中标价格在协议书内约定。非招标工程合同价款由发包人和承包人依据工程预算在协议书内约定。

（2）基准价格的约定，市场价格波动引起的调整，市场价格波动是否调整合同价格的约定，调整的方式。

（三）付款的审计

（1）是否有工程预付款，预付款支付比例或金额，预付款支付期限，预付款扣回的方式约定。

（2）承包人提交预付款担保的期限，预付款担保的形式约定。

（3）工程进度款拨付的约定条件，工程量计算规则，关于计量周期的约定。

（4）单价合同的计量。单价合同计量的约定；总价合同的计量，总价合同计量的约定；其他价格形式合同的计量，其他价格形式合同的计量方式和程序。

（5）工程进度款支付。付款周期的约定，进度付款申请单的编制，进度付款申请单的提交。单价合同进度付款申请单提交的约定，总价合同进度付款申请单提交的约定，其他价格形式合同进度付款申请单提交的约定。

（6）进度款审核和支付。监理人审查并报送发包人的期限，发包人完成审批并签发进度款支付证书的期限，发包人逾期支付进度款的违约金的计算方式。

（四）工程质量的审计

（1）质量要求，特殊质量标准和要求，工程奖项的约定。

（2）隐蔽工程检查，承包人提前通知监理人隐蔽工程检查的期限的约定，监理人不能按时进行检查时，应提前24小时提交书面延期要求。

（3）安全文明施工与环境保护，项目安全生产的达标目标及相应事项的约定，合同当事人对文明施工的要求，安全文明施工费支付比例和支付期限的约定。

（五）工期和进度的审计

（1）合同当事人约定的施工组织设计应包括的其他内容，承包人提交详细施工组织设计的期限的约定，发包人和监理人在收到详细的施工组织设计后确认或提出修改意见的期限。

（2）发包人和监理人在收到修订的施工进度计划后确认或提出修改意见的期限。

（3）发包人应完成的其他开工准备工作及期限，承包人提交工程开工报审表的期限，承包人应完成的其他开工准备工作及期限。

（4）因发包人、承包人原因导致工期延误，逾期竣工违约金的计算方法约定。

（六）材料与设备的审计

（1）发包人供应的材料设备的保管费用的承担，需要承包人报送样品的材料或工程设备，样品的种类、名称、规格、数量要求。

（2）承包人提供的施工设备和临时设施，修建临时设施费用承担的约定。

（七）试验与检验的审计

（1）试验设备与试验人员，施工现场需要配置的试验场所、试验设备、具备的其他试验条件。

（2）现场工艺试验的有关约定。

（八）工程变更的审计

变更范围的约定，变更估价原则，承包人直接实施的暂估价项目的约定，合同当事人关于暂列金额使用的约定。

（九）验收和工程试车的审计

中间验收、竣工验收时间的约定；工程试车、程序、内容，投料试车相关事项的约定。

（十）竣工结算的审计

（1）竣工结算申请，承包人提交竣工结算申请单的期限，竣工结算申请单应包括的内容。

（2）竣工结算审核，发包人审批竣工付款申请单的期限，竣工付款证书异议部分复核的方式和程序。

（3）发包人完成最终结清申请单的审批并颁发最终结清证书的期限。

（十一）缺陷责任期与保修的审计

（1）缺陷责任期的具体期限的约定。

（2）扣留质量保证金的约定，承包人提供质量保证金的方式。

（3）工程保修期的约定。

（十二）违约的审计

（1）发包人违约的情形、违约的责任、违约责任的承担方式和计算方法。

（2）承包人违约的情形、违约的责任、违约责任的承担方式和计算方法。

（十三）不可抗力的审计

（1）除通用合同条款约定的不可抗力事件之外，视为不可抗力的其他情形约定。

（2）因不可抗力解除合同，发包人、承包人商议完成工程款的支付约定。

（十四）争议解决的审计

因合同及合同有关事项发生的争议、仲裁或诉讼方式解决的约定。

四、合同履行审计

（一）违约情况审计

审计人员应审计合同各方是否全面、恰当履约，出现违约时，应根据法律法规和合同规定，确定应承担违约责任的主体。施工合同履行过程中经常出现违反合同的现象，如发包方未能准时拨付工程进度款、中途停工、固定造价合同遇到主要材料涨价风险过大、工程提前交付、逾期交付、验收、拖欠工程款、拒交工程等。如某基坑支护工程，设计使用预应力锚杆喷浆支护，施工单位投标时按照端头螺栓锚固，其施工组织设计已经得到监理的认可。然而在施工过程中发现，现场加工螺栓速度太慢，对其他工序造成影响。为避免影响工期，会议研究改螺栓锚固为自锁式夹片锚固，对施工方来说增加了一定的成本。但由于施工进度缓慢是施工方的原因，因此本着"谁的责任谁负责"的原则，明确增加的费用由施工方自行承担。

（二）工程变更审计

审计工程变更的重点是对工程变更的真实性、合法性、合规性，必要性、合理性及计价的准确性进行全面、完整的审计。工程变更的真实性审计是对变更事项是否实际发生的真实性进行审查并判定，可通过施工资料相互佐证或直接到现场踏勘查证。工程变更的合法、合规性审计就是审查工程变更的程序手续文件，查看实施过程是否合乎国家及地方发布的关于政府投资项目在变更过程中需要执行相关程序的法律法规文件要求，是否合乎相关行业标准及行业管理规范的要求，是否符合合同文件的要求。工程变更的必要性审计是指审查该工程变更的变更理由是否充分，变更前的原有设计方案是否确实存在不能确保工程质量、工期较长、造价偏高等不利于发挥工程项目效益和工程预期建设目标实现的情况。工程变更的合理性审计主要是指审查变更后的方案是否在保证工程质量、缩短工期、降低造价等有利于发挥工程项目效益和实现工程预期的建设目标。工程变更的计价准确性就是审查工程变更过程中发生的造价的计量计价是否真实准确，是否存在计量偏大或虚假计量，计价过高、不合理计价或存在不符合计价规范和合同约定的情况。

第四节 工程合同管理审计案例

一、某农转非安置房工程审计

（一）案例情况及背景材料

2016 年 F 区审计局对 A 农转非安置房工程进行结算审计。该项目总用地面积 12 213.2 m^2，总建筑面积 44 772.12 m^2，其中地上 39 338.43 m^2、地下 5 433.69 m^2，包括 2 栋高层住宅楼、商业裙房和车库。2013 年 9 月招标，招标限价 8 904 万元。2014 年 6 月开工，2016 年 12 月竣工。T 公司中标，中标价 7 839 万元。项目资金来源为国有资金。

（二）审计组织及实施过程

2016 年 11 月 F 区审计局对 A 农转非安置房工程进行结算审计，建设单位提交的送审资料包括招标文件、投标文件、中标通知书、施工合同及补充协议、施工图设计文件、变更设计文件、竣工图、隐蔽工程验收资料、收方签证资料、结算书、材料核价单、开竣工报告等。

审计组发现，招标文件与合同文件对工程变更的计价条款不一致。招标文件第四章"合同条件与格式"中的专用条款 47.16 条与建设工程施工合同中的专用条款 47.16 条、47.18 条所确定的结算原则不一致。

招标文件专用合同条款 47.16 条约定的合同综合单价调整原则为：凡主体基础梁以上土建部分的分部分项工程量发生设计变更，工程量增加超过 10.00% 及以上时，对该项合同综合单价进行调整，办理结算时按 31.1.（3）条规定执行；其余分部分项工程量（不包括基础梁以上的土建部分）超过 10.00% 以外时，只调整工程量超过 10% 以外部分的合同综合单价，办理结算时按 31.1.（3）条规定执行。

建设工程施工合同专用条款 47.16 条约定内容为：办理结算时，1 号、2 号楼基础梁以上土建部分的分部分项工程实际工程量超过合同工程量的 10.00% 及以上时，将调整中标价，按合同约定的新增单价计算；其余及附属工程的分部分项工程实际工程量超过合同工程量 10.00% 及以外时，只调整超过工程量部分的综合单价，并按合同约定新增单价计算。

两份资料相应条款的主要区别在于：

（1）合同综合单价调整涉及的范围不一致。

招标文件专用合同条款 47.16 条涵盖了所有主体工程基础梁以上土建部分，不仅包括 1 号、2 号楼主体基础梁以上土建部分，还包括商业裙楼及车库基础梁以上土建部分；建设工程施工合同的专用条款 47.16 条仅包括 1 号、2 号楼主体基础梁以上土建部分。

根据招标文件专用合同条款 47.16 条，除基础地梁以上土建部分之外的其他所有分部分项工程，包括桩基础的机械成孔，只要满足约定条件均可调整；根据建设工程施工合同的专用条款 47.16 条，调整范围包括除 1 号、2 号楼主体基础梁以上土建部分之外的其他工程，但不包括桩基础的机械成孔，因建设工程施工合同的专用条款 47.18 条对桩基础的机械成孔进行了特别约定，对中标单价不予调整（为新增条款）。

（2）关于有限度调整中标价规定不一致。

有限度调整指对同一分部分项工程，仅调整部分工程量的中标价，两份资料规定的计算基础不一致。根据招标文件"专用合同条款"47.16条，除基础地梁以上土建部分之外的其他所有分部分项工程，只有实际工程量超过合同工程量的10.00%以上时才会调整中标价，并且只调整超过合同工程量10%以外的部分，即实际工程量扣除合同工程量的1.1倍后仍有超过部分才调整；而根据建设工程施工合同的专用条款47.16条、47.18条，除1号、2号楼主体基础梁以上土建部分及桩基机械成孔之外的其他工程量，超过合同工程量的剩余部分均可调整中标价。

（3）满足合同综合单价调整的条件不一致。

执行招标文件专用合同条款47.16条的前提是设计变更引起的工程量增加，但该条与设计变更引起合同价款调整的相关条款相矛盾。根据建设工程施工合同的专用条款47.16条，不管何种原因引起的工程量增加，只要实际工程量超过合同工程量的10.00%及以上时，均应全部或部分调整中标价款。

（三）发现问题及定性依据

针对上述发现的问题，审计组约谈了建设单位招标部负责人李某、合同部负责人孙某、公司副总杨某及其他相关人员，建设单位人员均反映：招标公告发布前，公司会上研究确定的招标文件的合同文本与实际签订的合同文本一致，但上传招标文件的办事人员误传，导致招标文件上的合同文件与实际签订的合同文件重大实质性条款不一致。

审计组认为实际签订的合同与公开招标文件上的合同存在重大实质性条款不一致，损害了其他投标人的利益。根据《招标投标法》第四十六条"招标人和中标人应当自中标通知书发出之日起三十日内，按照招标文件和中标人的投标文件订立书面合同。招标人和中标人不得再行订立背离合同实质性内容的其他协议。"建设单位和施工单位另行订立合同违反了《招标投标法》。

（四）审计建议及处理结果

针对上述问题，审计组建议建设单位内部对相关责任人员做出严肃处理，召开警示大会，加强合同管理内控制度建设，依法依规进行合同管理。建设单位对主管招标、合同管理的副总杨某记过处分，李某、孙某撤职处分，全体职工学习《招标投标法》和市政府《招标投标管理条例》。

由于建设单位与施工单位签订的合同是真实有效的，根据《合同法》的规定，审计组同意按施工合同的约定进行结算价款。

（五）总结与启示

通过本项目的审计，审计组认为合同管理应遵循以下原则：

（1）依法签订合同，保证合同的合法性，避免签订无效合同、效力待定合同。

（2）切实履行合同，提高合同的履约率。

（3）及时处理合同纠纷，维护公司合法权益。

（4）合同管理试行统一归口管理制、部门专项承办负责制、逐级审查会签制。

（5）加强合同管理，完善合同管理制度，指定部门、落实人员负责合同管理工作，建立健全合同管理台账，提高合同管理水平。

二、某社区综合服务中心工程审计

（一）案例情况及背景材料

A 区 M 社区综合服务中心工程，工程施工内容为施工图纸所示范围内的平基土石方、高切坡、基础工程、主体工程、给排水、电气及消防等（不含专配电部分和环境工程），建筑面积为 7 832.70 m²。工程于 2011 年 11 月 1 日开工，2016 年 4 月 5 日竣工，经有关单位验收为合格工程。施工单位中标金额为 1 687.88 万元，经建设单位审核后结算金额为 2 191.23 万元，经 A 区审计局审核后结算金额为 1 936.32 万元。

（二）审计组织及实施过程

2017 年 5 月 A 区审计局对 M 社区综合服务中心工程进行结算审计，建设单位提交的送审资料包括招标文件、投标文件、中标通知书、施工合同及补充协议、施工图设计文件、变更设计文件、竣工图、隐蔽工程验收资料、收方签证资料、结算书、材料核价单、开竣工报告等。

审计组发现，建设单位一审的竣工结算书中有多处结算原则违反合同约定、范围超出合同约定，具体有以下几方面：

（1）本工程招标文件投标人须知对清单漏项约定与招标文件后附合同、施工合同不一致。招标文件投标人须知第 4.2 条约定"本工程各分部分项工程量清单子项不论其对应的项目特征和工作内容是否描述完整，都将被认为已包括《建设工程工程量清单计价规范》（GB 50500—2008））、《××市建设工程工程量清单计价编制指南》（2009）中，相应项目编码和项目名称及施工图纸、相关规范、标准、政策性文件、规定、限制和禁止使用通告等所有工程内容及完成此工作内容而必需的各种主要、辅助工作；其综合单价应包括完成该子项所需的人工费、材料费、机械费、管理费、利润、风险费用等除税金、安全文明施工专项费、措施费（含安全文明施工按实计算费用）、规费外的所有费用。中标后招标人无论何种因素不再对综合单价进行调整。招标文件后附合同和施工合同专用条款第 15.1 条变更的范围和内容约定："非业主自身原因改变合同中的任何一项工作的施工时间，或改变已批准的施工工艺或顺序，不属于变更的范围。投标过程中未对工程量清单提出质疑，或提出的质疑已回复而未另行提交质疑的，结算时除非有施工图纸范围外的设计变更或签证，否则投标报价不予调整。实际存在的量差或漏项不属于变更工程，不调整价款。"

施工单位认为投标清单上的页岩空心砖不包含厚壁型页岩空心砖，将厚壁型页岩空心砖作为新增分项重新组价。审计组认为页岩空心砖在 2008 清单规范里作为一个分项单列，已包含厚壁型页岩空心砖，不应将其作为新增清单项重新组价。

（2）合同约定"无论任何原因新增、变更工程均不调整技术措施费和组织措施费"，但施工单位另计了高切坡挡墙工程模板的费用。审计组认为按照合同约定，高切坡挡墙工程模板作为技术措施费，不应调整。

（3）化工厂高压配电房散水裂缝处理属于合同外工程，审计组认为不应在本合同内计算。

（三）发现问题及定性依据

针对上述发现的问题，审计组约谈了建设单位招标部负责人王部长、合同部负责人郭部长、公司副总苟总及其他相关人员，建设单位认为：

（1）招标文件投标人须知与招标文件后附合同、施工合同不一致情况属实，是由于制定招标文件时编制人员疏忽，但结算时应依据双方签订的合同为准。

（2）其他结算问题是由于结算审核人员对合同条款和合同范围不熟悉。

审计组认为建设单位一审后的结算书，违反了合同约定的结算原则和合同范围，应严格依据合同约定和《建设工程工程量清单计价规范》(GB 50500—2008)（合同签订时采用该规范）的规定办理结算。清单漏项不以项目特征描述是否有遗漏，或招标限价中是否组价作为判断依据，也不以是否有对应定额或定额解释为依据，而是以清单规范作为判断依据。比如墙面抹灰中的钢丝网，2008清单规范中就没有钢丝网这一清单项，通常包含在墙面抹灰清单项中。施工单位作为一个有经验的承包商，应该在招标时提出，未提出则视为包含在报价中。三线砖、厚壁页岩空心砖、抗裂砂浆等未单独列项也未在项目特征描述均属该情况，不属漏项。技术措施费按合同约定不予调整。不属于本合同范围内的工程内容不在本合同内结算。

（四）审计建议及处理结果

针对上述问题，审计组建议建设单位内部对相关责任人员作出严肃处理，召开警示大会，加强合同管理内控制度建设，依法依规进行合同管理。建设单位对主管合同管理的郭部长记过处分。

（五）总结与启示

通过本项目的审计，审计组认为合同管理应做到以下几点：
（1）招标时认真编制招标文件，做到前后约定一致。
（2）熟悉合同条款，工程实施过程中依法依约依规进行合同管理。
（3）熟悉清单规范、定额规定，有效进行成本控制。
（4）严格按照合同范围办理结算，对于非本项目的工程应另行签订合同。
（5）加强合同管理，完善合同管理制度，提高合同管理水平。

第七章
工程造价管理审计与案例

第一节 工程造价管理概述

一、工程造价关键词

（一）工程造价

工程造价因所涉及主体的不同，有两种角度的理解。

从建设单位的角度理解，工程造价是建设单位在建设工程中预计或实际投入的所有费用的总和。建设单位为了有效地管理和控制工程造价，避免投资失控，从建设工程决策直至竣工后的整个建设过程中，需要对工程造价进行多次计价，这些造价包括投资估算、设计概算、施工图预算、工程结算和竣工决算，这几种形式的工程造价的编制主体、依据和作用并不完全相同。

从建筑市场的角度理解，工程造价即工程的建造价格，是工程价值的货币表现，是建设工程的交换价值在流通过程中所取得的转化形式。工程造价在招投标过程中初步形成，通过工程建设过程，在工程竣工结束后最终确定。因其作用的不同，工程造价又有标底价、招标控制价（又称投标限价）、投标价、合同价、结算价等几种形式。对发包人而言，工程造价是发包人预期或实际支付的工程费用；对承包人而言，工程造价是承包人完成工程后预期或实际获得的工程报酬。

（二）投资估算

投资估算是在投资决策阶段，由编制项目建议书和承担建设工程可行性研究的咨询机构，依据现有的资料和技术方法，对建设项目的全部投资费用进行的估计。投资估算总额以建设工程为对象编制，包括了项目从筹建、建设直至建成投产的全部费用，是项目决策的重要依据之一。项目建议书阶段的投资估算，是项目主管部门审批项目建议书的依据之一，并对项目的规划、规模起参考作用。项目可行性研究阶段的投资估算，是项目投资决策的重要依据，也是研究分析、计算项目投资经济效果的重要指标。按照现行项目建议书和可行性研究报告审批的要求，其中的投资估算一经批准即为建设项目投资的最高限额，一般情况下不得随意突破。因此，投资估算的准确与否不仅影响到项目可行性研究的工作质量和经济评价结果，而且也直接关系到下一阶段设计概算和施工图预算的编制及建设工程投资决策阶段的造价管理和控制。

（三）设计概算

设计概算是在初步设计阶段，由设计单位根据设计图纸及说明书、概算定额或概算指标、设备材料预算价格、类似工程造价等资料，概略计算的工程造价文件。设计概算是设计文件的重要组成部分，是编制建设计划、控制建设投资和申请贷款的依据，也是评估设计方案和建设成本是否经济合理的依据。设计概算分为单位工程概算、单项工程综合概算和建设项目总概算三级。设计概算文件比投资估算准确性有所提高，但应控制在投资估算额以内。

（四）施工图预算

施工图预算是在工程开工前，由招标单位、投标单位或受委托的咨询机构，根据已批准的施工图纸，在预定的施工方案（或施工组织设计）的前提下，按照计价规范、计价定额、取费依据等编制的工程造价文件。招标控制价、投标价都属于施工图预算，但编制依据不完全相同。

施工图预算因编制主体的不同，具有不同的作用。在建设工程招投标阶段，施工图预算由业主或者招标代理机构委托有资质的造价咨询机构编制，被称为招标控制价或最高投标限价，该价格是招标人在工程招标时能接受投标人报价的最高限价，否则，其投标将被拒绝。由投标单位编制的施工图预算，被称为投标价。经过评标、定标后，招标人发出中标通知书，双方签订施工合同，其中的价格被称为合同价，合同价应该是中标单位的投标价。施工图预算有单位工程预算、单项工程预算和建设项目总预算三级。施工图预算造价比概算造价更为详尽和准确，但同样要受前一阶段所确定的概算造价的控制。

（五）工程结算

工程结算是指一个单项工程、单位工程、分部工程或分项工程完工后，经发包人及有关部门验收并办理验收手续后，在工程结算时按合同调价范围和调价方法，对实际发生的工程量增减、设备和材料价差等进行调整后计算和确定的价格。工程结算包括中间结算和竣工结算。

中间结算又称工程进度款结算，一般有按月结算、分段结算等方式，是指承包人在施工过程中，按逐月或工程形象进度完成的工程量计算各项费用，向发包人办理工程进度款的支付。

竣工结算是承包人按照合同规定的内容完成所承包的全部工程，经验收质量合格，并符合合同要求之后，向发包单位进行的最终工程款结算。竣工结算价是该结算工程的实际价格。竣工结算由承包人编制并经监理工程师和发包人审核，是承发包双方履行合同的一个环节，是核定建设工程造价的依据，也是建设单位编制竣工决算和核定新增固定资产价值的依据。

(六) 竣工决算

竣工决算是指在竣工验收后,由建设单位编制的建设项目从筹建到建设投产或使用的全部实际成本的技术经济文件,是建设工程经济效益的全面反映,是项目法人核定各类新增资产价值、办理其交付使用的依据。

(七) 工程定额

定额,即一种既定的额度和规定的标准。在工程建设过程中,建筑产品的生产需要消耗一定的人工、材料和机械。工程定额是指在工程建设过程中,在正常的施工条件和合理组织劳动、合理使用材料和机械的条件下,完成单位合格建筑产品所必须消耗的人工、材料和机械台班等的规定标准。工程定额按其反映的生产要素的内容可分为劳动消耗定额、材料消耗定额和施工机械消耗定额三种。

1. 劳动消耗定额

劳动消耗定额,简称劳动定额,或称人工定额,是指在正常的生产条件下,完成单位合格建筑安装工程产品所需活劳动(人工)消耗的数量标准。按照反映方式的不同,劳动定额又分为时间定额和产量定额两种。工日是时间定额的单位,按照我国劳动法的规定,一个工人工作8小时计为1个工日。

2. 材料消耗定额

材料消耗定额,简称材料定额,是指在正常的生产条件下,在合理、节约使用材料的前提下,完成单位合格建筑安装工程产品所需消耗材料的数量标准,包括工程建设中使用的各种材料,如原材料、成品、半成品、构配件、燃料以及水、电等动力资源等。

3. 机械台班消耗定额

机械台班消耗定额,简称机械定额,是指在正常的生产条件下,在合理劳动组织与合理使用机械条件下,为完成单位合格建筑安装工程产品所需施工机械台班消耗的数量标准。机械台班定额反映了某种施工机械在单位时间内的生产效率。按照反映机械消耗的方式不同,机械台班消耗定额又分为机械时间定额和机械产量定额两种。台班是机械时间定额的单位,1台机械工作8小时计为1个机械台班。

(八) 工程量清单

工程量清单是载明建设工程分部分项工程项目、措施项目、其他项目的名称和相应数量以及规费、税金项目等内容的明细清单。工程量清单主要由分部分项工程量清单、措施项目清单、其他项目清单、规费和税金项目清单组成,当然还包括一些说明性的内容，以及其他一些表格。招标工程量清单是招标文件的组成部分，由招标人编制，并负责其准确性和完整性。招标工程量清单是工程量清单计价的基础，是编制招标控制价、投标报价、计算或调整工程量、索赔等的依据之一。

（九）已标价工程量清单

已标价工程量清单是合同文件的组成部分，表明承包单位对清单项目已经提供报价，并且修正了算术性错误，清单中的所有表格和说明性文字被称为已标价工程量清单，是工程变更、工程结算的重要依据。

二、工程造价管理主要法律依据

（一）《基本建设财务规则》

2016年4月26日，财政部发布《基本建设财务规则》(财政部令第81号)，自2016年9月1日起施行。该规则共12章63条，内容包括总则、建设资金筹集与使用管理、预算管理、建设成本管理、基建收入管理、工程价款结算管理、竣工财务决算管理、资产交付管理、结余资金管理、绩效评价、监督管理和附则。该规则出台的目的是规范基本建设财务行为，加强基本建设财务管理，提高财政资金使用效益，保障财政资金安全。

（二）《基本建设项目建设成本管理规定》

2016年7月6日，财政部发布《基本建设项目建设成本管理规定》(财建〔2016〕504号)，自2016年9月1日起施行。该规定共11条，内容包括建筑安装工程投资支出、设备投资支出、待摊投资支出、项目建设管理费等的概念及范围，不同性质的投资主体建设管理费支出的规定，等。该规定出台的目的是规范基本建设项目建设成本管理，提高建设资金使用效益。

（三）《基本建设项目竣工财务决算管理暂行办法》

2016年6月30日，财政部发布《基本建设项目竣工财务决算管理暂行办法》(财建〔2016〕503号)，自2016年9月1日起施行。该办法共21条，内容包括竣工财务决算编报时间、对编报主体的规定、编制竣工财务决算的依据和内容、竣工财务决算审核的内容及要求等。该办法旨在加强基本建设项目竣工财务决算管理。

（四）《建设工程价款结算暂行办法》

2004年10月20日，财政部、建设部联合发布并实施《建设工程价款结算暂行办法》(财建〔2004〕369号)。该办法共6章29条，内容包括总则、工程合同价款的约定与调整、工程价款结算、工程价款结算争议处理、工程价款结算管理、附则。该办法旨在加强和规范建设工程价款结算管理，维护建设市场正常秩序。

（五）《建设工程工程量清单计价规范》

2003 年 2 月 17 日，建设部和国家质量监督检验检疫总局联合发布《建设工程工程量清单计价规范》，2003 年 7 月 1 日起实施，该规范为国家强制性标准，目的是规范建设工程造价计价行为，统一建设工程计价文件的编制原则和计价方法。此后，规范经过两次修改，最近一次是 2013 年 7 月 1 日，标准号为 GB 50500—2013。该规范共 15 部分，内容包括总则、术语、一般规定、招标工程量清单、招标控制价、投标报价、合同价款约定、工程计量、合同价款调整、合同价款中期支付、竣工结算与支付、合同解除的价款结算与支付、合同价款争议的解决、工程计价资料与档案和计价表格。

（六）《建筑工程建筑面积计算规范》

2013 年 12 月 19 日，住房和城乡建设部发布《建筑工程建筑面积计算规范》（住房和城乡建设部公告第 269 号），规范为国家标准，编号为 GB/T 50353—2013，由 3 部分组成，内容包括总则、术语、计算建筑面积的规定、规范用词说明以及条文说明。该规范出台的目的是统一工业与民用建筑工程建设全过程的建筑面积计算方法。

（七）《房屋建筑与装饰工程工程量计算规范》

住房和城乡建设部发布《房屋建筑与装饰工程工程量计算规范》（住房和城乡建设部公告第 1568 号），编号为 GB 50854—2013，自 2013 年 7 月 1 日实施。其中 8 条（款）为强制性条文，必须严格执行。该规范适用于工业与民用的房屋建筑与装饰工程发包承包及实施阶段计价活动中的工程计量和工程量清单编制，目的是规范房屋建筑与装饰工程造价计量行为，统一计算规则和工程量清单的编制方法。其内容包括，总则，术语，工程计量，工程量清单编制，附录 A 土石方工程，附录 B 地基处理与边坡支护工程，附录 C 桩基工程，附录 D 砌筑工程，附录 E 混凝土及钢筋混凝土工程，附录 F 金属结构工程，附录 G 木结构工程，附录 H 门窗工程，附录 J 屋面及防水工程，附录 K 保温、隔热、防腐工程，附录 L 楼地面装饰工程，附录 M 墙、柱面装饰与隔断、幕墙工程，附录 N 天棚工程，附录 P 油漆、涂料、裱糊工程，附录 Q 其他装饰工程，附录 R 拆除工程，附录 S 措施项目，引用标准明录，用词说明，条文说明。

三、工程造价的组成

（一）建设项目总投资的组成

建设项目总投资费用项目组成见表 7.1。

表 7.1 建设项目总投资费用项目组成

建设项目总投资	工程造价	1. 工程费用	1. 建筑工程费
			2. 安装工程费
			3. 设备购置费
		2. 工程建设其他费用	1. 土地使用费和其他补偿费
			2. 建设管理费
			3. 可行性研究费
			4. 专项评价费
			5. 研究试验费
			6. 勘察设计费
			7. 场地准备费和临时设施费
			8. 引进技术和进口设备材料其他费
			9. 特殊设备安全监督检验费
			10. 市政公用配套设施费
			11. 联合试运转费
			12. 工程保险费
			13. 专利及专有技术使用费
			14. 生产准备费
		3. 预备费	
	增值税（包括工程费、工程建设其他费和预备费的增值税）		
	资金筹措费		
	流动资金		

（二）建筑安装工程费的组成

建筑安装工程费是工程造价重要的组成部分，其中：建筑工程费是指建筑物、构筑物及与其配套的线路、管道等的建造、装饰费用；安装工程费是指设备、工艺设施及其附属物的组合、装配、调试等费用。建筑安装工程费的组成见表 7.2。

表 7.2 建设安装工程费的组成

建筑安装工程费	1. 直接费	1. 人工费	
		2. 材料费	
		3. 施工机具使用费	
		4. 其他直接费	1. 冬雨季施工增加费
			2. 夜间施工增加费
			3. 二次搬运费
			4. 检验试验费
			5. 工程定位复测费
			6. 工程点交费
			7. 场地清理费
			8. 特殊地区施工增加费
			9. 文明（绿色）施工费
			10. 施工现场环境保护费
			11. 临时设施费
			12. 工地转移费
			13. 已完工程及设备保护费
			14. 安全生产费
	2. 间接费		
	3. 利润		
	4. 增值税		

直接费是指施工过程中耗费的构成工程实体或独立计价措施项目的费用，以及按综合计费形式表现的措施费用。间接费是指施工企业为完成承包工程而组织施工生产和经营管理所发生的费用，内容包括管理人员薪酬、办公费、差旅交通费、施工单位进退场费、非生产性固定资产使用费、工具用具使用费、劳动保护费、财务费、税金以及其他管理性的费用。利润是指企业完成承包工程所获得的盈利。营改增后建筑安装工程一般纳税人增值税税率为 11%，简易计税法和小规模纳税人税率为 3%。

第二节 工程造价管理主要工作与存在的问题

一、工程造价管理主要工作

(一) 投资估算的编制

1. 投资估算的编制精度

项目决策阶段的研究，根据深度的不同，分为三个阶段。投资机会研究及项目建议书阶段是为了选择有利的投资机会、明确投资方向，需要编制项目建议书，其中投资估算的误差率在 ±30% 左右。初步可行性研究阶段介于投资机会研究和详细可行性研究之间，要进行项目的经济效益评价，判断项目的可行性，做出初步投资评价，其投资估算的误差率在 ±20% 左右。详细可行性研究阶段（也称最终可行性研究阶段）的目的是评价和选择拟建项目的最佳投资方案，对项目的可行性提出结论性意见，其投资估算的误差率在 ±10% 左右。

2. 投资估算的编制要求

投资估算的范围应与项目建设方案所涉及的范围、所确定的各项工程内容相一致。投资估算的工程内容和费用要构成齐全，计算合理，不提高或者降低估算标准，不重复计算或者漏项少算。投资估算的方法应科学合理、基础资料完整、依据充分。所选用的指标与拟建工程存在标准或条件差异时，应进行必要的换算或者调整。投资估算的精度应能满足项目决策阶段在不同阶段的要求。

3. 投资估算的编制依据

投资估算的编制依据很多，主要有：项目建议书；可行性研究报告或工程设计方案，包括文字说明或图纸；投资估算指标或概算指标、概算定额；设计参数指标，包括各类工程建筑面积指标如医院（m^2/病床）、学校（m^2/学生）、暖气空调工程，每平方米建筑面积耗热（冷）量指标（W/m^2），等；工程所在地材料、设备预算价格及供应情况；原材料、燃料、动力价格及供应情况；已建同类项目投资资料；最近几年工程所在地人工、材料、机械设备调价及价格实际上涨情况；现场条件，如地形地质条件、供水供电条件、交通运输条件等；其他条件及有关规定，如取费标准、银行贷款利率等。

4. 投资估算的编制方法

投资估算的编制方法有资金周转率法、生产能力指数法、系数估算法、单元估算法、指标估算法等等。

（二）设计概算的编制

1. 设计概算的编制依据

设计概算的编制依据有：国家发布的法律、法规、规章等；批准的可行性研究报告及投资估算、工程的初步设计图纸等资料；有关部门颁布的现行概算定额、概算指标、费用定额等和建设项目设计概算编制办法；有关部门发布的人工、设备材料价格、造价指数等；建设地区的自然、技术、经济条件等资料；有关合同、协议等；其他有关资料。

2. 设计概算的编制原则

设计概算应严格执行国家的建设方针和经济政策。编制设计概算是一项重要的技术经济工作，应坚决执行勤俭节约的方针，严格执行既定的设计标准。设计概算应完整、准确地反映设计内容。编制设计概算时，要认真了解设计意图，根据设计文件、图纸准确计算工程量，避免多算、重算、漏算和错算，设计修改后，要及时修正概算。设计概算应与工程所在地当时的价格水平保持一致，编制前，要对工程所在地的建设条件及可能影响造价的各种因素进行认真的调查研究，在此基础上，正确使用定额、指标、费率和价格等各项编制依据，按照现行工程造价的构成，以及有关部门发布的价格信息及价格调整指数，考虑建设期的价格变化因素，使概算尽可能地反映设计内容、施工条件和实际价格。

3. 设计概算的编制方法

（1）单位建筑工程设计概算的编制方法有概算定额法、概算指标法、类似工程预算法等。当初步设计图纸达到一定深度，可以比较准确地计算工程量时，采用概算定额法；当初步设计图纸深度不足，有类似工程概算指标时，采用概算指标法；前两项均不满足时，参照类似工程的预算资料编制。

（2）单位安装工程设计概算的编制方法有预算单价法、扩大单价法、设备价值百分比法、综合吨位指标法。当初步设计图纸达到一定深度，且有明确设备清单时，采用预算单价法；设计深度不够，只有主体设备或成套设备时，采用扩大单价法；当只有设备出厂价时，采用设备价值百分比法；当设备清单中有设备规格和质量时，可采用综合吨位指标法。

（三）施工图预算的编制

1. 施工图预算的编制依据

（1）施工图纸、说明书和标准图集。

经审定的施工图纸、说明书和标准图集，完整地反映了工程的具体内容、各部分的具体做法、结构尺寸、技术特征以及施工方法，是编制施工图预算的重要依据。

（2）招标文件及其补遗书、答疑纪要。

招标文件是招标人向投标人提供的为进行投标工作所必需的文件，招标文件中的投标人须知、技术条款等都是编制清单的重要依据。招标补遗书是工程招投标过程中，招标人根据实际情况对招标文件做出的补充说明和规定；答疑纪要是在投标答疑会上或信函中，招标人对投标人提出的关于图纸、施工等问题所做的答复，形成的答疑纪要；这些补遗书和答疑纪要将以书面通知的形式发给所有投标人，作为编制工程量清单的依据。

（3）施工现场情况、工程特点及常规施工方案。

工程现场施工条件、施工环境、道路交通状况、与现场相关的工程特点、可以采用的施工方案等，都与施工方案的选择以及工程造价密切相关。

（4）工程量清单计价规范与工程量计算规范。

《建设工程工程量清单计价规范》是统一工程量清单编制，规范工程量清单计价的国家标准，是调整建设工程工程量清单计价活动中发包人与承包人各种关系的规范文件。工程量计算规范用于规范工程造价计量行为，统一房屋建筑与装饰工程工程量清单的编制、项目设置和计量规则。

（5）现行计价依据和办法。

国家或省级、行业建设主管部门颁发的计价依据和办法是确定计价程序、计算费用的依据。

（6）材料、人工、机械台班预算价格及调价规定。

材料、人工、机械台班预算价格是预算定额的三要素，是构成直接费的主要因素。尤其是材料费在工程成本中占的比重大，而且在市场经济条件下，材料、人工、机械台班的价格是随市场而变化的，为使预算造价尽可能接近实际，各地区主管部门对此都有明确的调价规定。因此，合理确定材料、人工、机械台班预算价格及其调价规定是编制施工图预算的重要依据。

（7）其他相关资料。

预算员工作手册和工具书等，包括计算各种结构件面积和体积的公式，钢材、木材等各种材料规格型号及用量数据，各种单位换算比例，特殊断面、结构件的工程量速算方法、金属材料质量表等资料，是提高编制施工图预算效率的重要工具。

2．施工图预算的编制方法

编制施工图预算有两种方法，定额计价和工程量清单计价。中华人民共和国自成立以来，很长一段时间内采用定额计价的方式计算工程造价。定额计价是指根据招标文件，按照省级建设行政主管部门发布的建设工程计价定额中的工程量计算规则，同时参照省级建设行政主管部门发布的预算定额，计算出直接费，再以直接费为基数，按费用定额规定的计算方法计算其他直接费、间接费、利润和税金，汇总确定建筑安装工程造价。2003年，建设部和质量监督检验检疫总局联合发布了第一部工程量清单计价规范，并于2003年7月1日起实施，目前已经修订了两次，最近一次是2013

年版本的《建设工程工程量清单计价规范》。工程量清单计价规范是一项国家标准，规定：全部使用国有资金投资或以国有资金投资为主的建设工程施工发承包，必须采用工程量清单计价；非国有资金投资的建设工程，宜采用工程量清单计价。不采用工程量清单计价的建设工程，应执行计价规范除工程量清单等专门性规定外的其他规定。

工程量清单计价是适应国际惯例的一种工程计价方式，其显著特点是国家放开了对工程造价计算的政府控制，改由市场即承发包双方自主决定工程造价，在定额计价中执行统一的消耗量水平、预算单价和管理费费率，在工程量清单计价中都由投标人根据自身技术管理水平和市场情况报价，通过招投标的方式择优确定承包单位。

工程量清单计价由招标人在招标时提供工程量清单，由投标人填写完成清单项目的综合单价。用工程量清单计价计算出的投标价，包含了投标人完成由发包人提供的工程量清单所需的全部费用，具体有：分部分项工程费、措施项目费、其他项目费和规费、税金。工程量清单当中的单价是综合单价，综合单价是完成一个规定清单项目所需的人工费、材料费、施工机具使用费和企业管理费、利润以及一定范围内的风险费用。简而言之，工程量清单计价就是投标人按照发包人提供的清单，根据企业自己的施工技术力量和管理水平，填出完成每条清单项目所需的综合单价或费用，汇总计算完成整个工程的全部费用。

国有资金投资的建设工程招标，招标人必须编制招标控制价。招标控制价应由具有编制能力的招标人或受其委托具有相应资质的工程造价咨询单位编制和复核。工程造价咨询单位接受招标人委托编制招标控制价，不得再就同一工程接受投标人委托编制投标报价。

3．工程量清单的主要内容与编制要求

（1）分部分项工程量清单。

分部工程是单项或单位工程的组成部分，是按结构部位、路段长度及施工特点或施工任务将单项或单位工程划分为若干分部的工程；分项工程是分部工程的组成部分，是按不同施工方法、材料、工序及路段长度等将分部工程划分为若干个分项或项目的工程。分部分项工程量清单有五要素：项目编码、项目名称、项目特征、计量单位、工程量。前面四项对照工程量清单附录与图纸直接确定，工程量按照计价规范的工程量计算规则和施工图纸计算。工程量并不总是工程的实际施工数量，为了提高计算效率，工程量计算规则对某些项目有简化计算的规定。

（2）措施项目清单。

措施项目是为完成工程项目施工，发生于该工程施工准备和施工过程中的技术、生活、安全、环境保护等方面的项目。措施项目分为能计算工程量和不能计算工程量的两种：前一种又称为单价措施项目，按照分部分项工程量清单的格式编制，如模板、脚手架、垂直运输等；后一种又称为总价措施项目，按总价措施项目清单的格式编制，包括安全文明施工、临时设施、二次搬运等，以"项"计价。

（3）其他项目清单。

其他项目清单主要有暂列金额、暂估价、计日工和总承包服务费等。暂列金额是招标人在工程量清单中暂定并包括在合同价款中的一笔款项，用于工程合同签订时尚未确定或者不可预见的所需材料、工程设备、服务的采购，施工中可能发生的工程变更、合同约定调整因素出现时的合同价款调整以及发生的索赔、现场签证确认等的费用。暂列金额通常为分部分项工程费的10%~15%为参考，一般不得超过估算总造价的20%，在实际发生时由监理人报发包人批准后指令全部或部分地使用，或者根本不予使用，工程结算时根据工程实际发生费用计算。暂估价是招标人在工程量清单中提供的用于支付必然发生但暂时不能确定价格的材料、工程设备的单价以及专业工程的金额，例如对大宗材料钢材、水泥等，如项目工期长，可能存在较大的价格波动，预先无法确定其价格，可以用暂估价列出，双方须在合同中明确实际价格的确定程序和方式，在结算时按确定的价格结算。计日工是在施工过程中，承包人完成发包人提出的工程合同范围以外的零星项目或工作，按合同中约定的单价计价的一种方式，由招标人列出计日工名称，投标人填报单价。总承包服务费是总承包人为配合协调发包人进行的专业工程发包，对发包人自行采购的材料、工程设备等进行保管以及施工现场管理、竣工资料汇总整理等服务所需的费用，由招标人根据工程情况列出总承包服务的内容，投标人填报费用。

（4）规费、税金项目清单。

规费是根据省级政府或省级有关权力部门规定必须缴纳的，应计入建安工程造价的费用；税金是国家税法规定的应计入建筑安装工程造价内的增值税、城市维护建设税及教育附加费等，应按规定列出规费和税金项目。

4．工程量清单计价的方法

分部分项工程计价需要确定综合单价。投标单位在确定综合单价时应严格执行清单计价规范，根据分部分项工程量清单的项目特征描述、工料机消耗量水平、市场价格水平、建设行政主管部门颁发的有关费用标准，以及招标文件要求投标人承担的风险因素等，计算出综合单价。招标文件提供了暂估价的材料，应按暂估价计入综合单价。

措施项目计价应充分考虑施工现场环境、作业条件、投标人的施工管理水平和拟建工程常规施工方案。

其他项目费中的暂列金额应根据工程特点，按工程量清单中列出的不同专业工程，分别按有关计价规定计算；计日工应根据工程特点和有关计价依据计算综合单价，按招标人估算的用工数量计算总的费用，结算时按实际用工数量计价；总承包服务费根据招标文件列出的工作内容和服务要求计价。

规费和税金应按照国家和省级建设主管部门的规定计算，不得作为竞争性费用。

（四）工程结算的编制

1．工程预付款的确定与扣回

工程预付款又称预付备料款，是根据工程承发包合同规定的数额，由发包单位在开工前预先支付给承包单位的一定数额的款项，用于购置材料、工程设备，购置或租赁施工设备，修建临时设施，以及组织施工队伍进场等支出。预付款的支付比例一般不高于合同价款的30%，承包人对预付款必须专用于合同工程。

按照我国有关规定，实行工程预付款的，双方应当在专用条款内约定发包方向承包方预付工程款的时间和数额，开工后按约定的时间和比例逐次扣回。预付时间应不迟于约定的开工日期前7天。发包方不按约定预付，承包方在约定预付时间7天后向发包方发出要求预付的通知，发包方收到通知后仍不能按要求预付，发包人在付款期满后的7天内仍未支付的，承包人可在付款期满后的第8天暂停施工。发包方应从约定应付之日起向承包方支付应付款的贷款利息，并承担违约责任。预付款的数额，取决于主要材料（包括构配件）占建筑安装工作量的比重、材料储备期和施工期等因素。预付款属于预支性质，到了工程中后期，随着工程所需主要材料储备的逐步减少，应以抵充工程价款的方式陆续扣回。

2．工程进度款结算

工程进度款一般按月或按工程形象进度结算，在计算时应考虑两个因素：一是如果工程事先有预付款，应考虑随工程进度逐步扣除，即实际支付的工程进度款，应扣除预先已经支付的工程预付款；二是考虑工程应预留的保修金，通常预留总造价5%左右的保修金，在支付工程进度款时或结算时扣除。

3．工程变更价款的确定

如果发生工程变更，承包单位应该在14日内提出变更工程价款的报告，否则视为不需要调整工程价款。发包人在收到承包单位合同价款调整报告后，应在14日内核实确认，或向承包人提出协商意见，否则视为认可承包人的价款调整报告。如发包人与承包人对变更价款不能达成一致，则按照合同争议解决。工程变更引起已标价工程量清单项目或其工程数量发生变化的，应按照下列规定调整：

（1）已标价工程量清单中有适用于变更工程项目的单价，采用该单价；但当工程变更导致清单项目的工程数量偏差超过15%时，应该重新定价，原则上增加部分的工程量的综合单价应予调低；当工程量减少15%以上时，减少后剩余部分的工程量的综合单价应予调高。

（2）已标价工程量清单中没有适用，但有类似于变更工程项目的，可在合理范围内参照类似项目的单价。

（3）已标价工程量清单中没有适用也没有类似于变更工程项目的，由承包人根据变更工程资料、计量规则和计价办法、工程造价管理机构发布的信息价格和承包人报价浮动率提出变更工程项目的单价，报发包人确认后调整。

4．费用索赔的确定

费用索赔要分清责任，由无过错的一方，向有过错的一方提出索赔，既包括发包人向承包人的索赔，也包括承包人向发包人的索赔。实务中，多数情况下是承包人提出索赔。本部分仅讨论承包人费用索赔的内容。费用索赔的组成内容一般可以包括人工费、设备费、材料费、保函手续费、迟延付款利息、保险费、管理费、利润等，计算方法有实际费用法、修正总费用法等。

（1）人工费。人工费包括增加工作内容的人工费、停工损失费和工作效率降低的损失费等累计。其中：增加工作内容的人工费应按照计日工费计算；而停工损失费和工作效率降低的损失费按窝工费计算，窝工费的标准双方应在合同中约定。

（2）设备费。设备费可采用机械台班费、机械折旧费、设备租赁费等几种形式。当工作内容增加引起设备费索赔时，设备费的标准按照机械台班费计算。因窝工引起的设备费索赔，当施工机械属于施工企业自有时，按照机械折旧费计算索赔费用；当施工机械是施工企业从外部租赁时，索赔费用的标准按照设备租赁费计算。

（3）材料费。材料费包括索赔事项材料实际用量超过计划用量而增加的材料费，客观原因材料价格大幅度上涨而增加的材料费，非承包人的原因引起的工程延误导致的材料价格上涨和超期储存费用。材料费中应包括运输费、仓储费以及合理的损耗费用。如果由于承包人管理不善，造成材料损失，则不能列入索赔计价。

（4）保函手续费。工程延期时，保函手续费相应增加；反之，取消部分工程且发包人与承包人达成提前竣工协议时，承包人的保函金额相应扣减，则计入合同价内的保函手续费也应扣减。

（5）迟延付款的利息。发包人未按约定时间付款的，迟延付款的利息应按银行同期贷款利率计算。

（6）保险费。因工程延期导致工程保险费用增加。

（7）管理费。管理费包括现场管理费和公司管理费。现场管理费是指承包人完成额外的工程、索赔事项工作以及工期延长期间的现场管理费，包括管理人员工资、办公费、交通费等。但如果对部分工人窝工损失索赔，因其他工程仍然进行，则不予考虑现场管理费索赔。公司管理费主要是指工程延误期间所增加公司各部门管理人员的管理费，目前并没有统一的计算方法。

（8）利润。一般来说，由于工程范围的变更、文件有缺陷或技术性错误、业主未能提供现场等所引起的索赔，承包人可以列入利润索赔。但对于工程暂停的索赔，由于利润包含在每项实施工程的综合单价内，延误工期并不导致利润减少，所以，承包人很难获得索赔利润的款项。

5．工程签证价款的确定

工程签证有费用签证和工期签证两种类型，其本质上属于补充协议，是发包人现场代表（或其授权的监理人、工程造价咨询人）与承包人现场代表就施工过程中涉及的责任事件所作的签认证明。工程签证是在施工合同履行过程中，承发包双方根据合同的约定，就合同价款之外的费用补偿、工期顺延以及因各种原因造成的损失赔偿达成的补充协议，是工程结算的重要依据，在发生工程签证后，应按照合同约定的计价方式及时计价。在工程施工过程中，引发工程签证的原因包括：新增零星工程；隐蔽工程；施工现场发生的合同范围以外的临时、零星用工；非施工单位导致工程变更、停工、窝工、延迟等。

6．工程竣工结算

合同工程完工后，承包人应在提交竣工验收申请的同时向发包人提交竣工结算文件。承包人未在规定的时间内提交竣工结算文件，经发包人催促后14日内仍未提交或没有明确答复，发包人有权根据已有资料编制竣工结算文件，作为办理竣工结算和支付结算款的依据，承包人应予以认可。发包人应在收到承包人提交的竣工结算文件后的28日内审核完毕，发包人、承包人对复核结果无异议的，应在7日内在竣工结算文件上签字确认，竣工结算办理完毕。发包人在收到承包人竣工结算文件后的28日内，不审核竣工结算或未提出审核意见的，视为承包人提交的竣工结算文件已被发包人认可，竣工结算办理完毕。发包人委托造价咨询人审核竣工结算的，工程造价咨询人应在28日内审核完毕，审核结论与承包人竣工结算文件不一致的，应提交给承包人复核，承包人应在14日内将同意审核结论或不同意见的说明提交给工程造价咨询人。发承包双方或一方对工程造价咨询人出具的竣工结算文件有异议时，可向当地工程造价管理机构投诉，申请对其进行执业质量鉴定。工程造价管理机构受理投诉后，应当组织专家对投诉的竣工结算文件进行质量鉴定，并作出鉴定意见。

承包人应根据办理的竣工结算文件，向发包人提交竣工结算款支付申请。该申请应包括：竣工结算总额、已支付的合同价款、应扣留的质量保证金、应支付的竣工付款金额。发包人应在收到承包人提交竣工结算款支付申请后7日内予以核实，向承包人签发竣工结算支付证书。发包人签发竣工结算支付证书后的14日内，按照竣工结算支付证书列明的金额向承包人支付结算款。

（五）竣工决算的编制

1．竣工决算的编制依据

竣工决算编制依据包括：国家有关法律法规；政府审批文件；历年下达的项目年度财政资金投资计划、预算；有关财务核算制度；经批准的可行性研究报告及其投资估算、初步设计及设计概算、施工图设计及施工图预算；招投标资料，包括招投标的标底、承包合同、采购合同；工程结算资料；施工过程资料，包括设计交底或图纸会审纪要、施工记录或施工签证单、开工报告、竣工报告等；竣工图及各种竣工验收资料；其他有关资料；等。

2．竣工决算的内容

竣工决算由竣工财务决算编制说明书、竣工财务决算报表、建设工程竣工图和工程竣工造价对比分析四部分组成。

3．竣工决算的编制步骤

（1）收集、整理、分析原始资料。竣工决算编制人员要从建设工程开始就按决算编制依据的要求，收集、清点、整理有关资料，主要包括建设工程档案资料，如立项批复文件、设计文件、施工记录、上级批文、概（预）算文件、工程结算的归集整理，财务处理、财产物质的盘点核实及债权债务的清偿，做到账账、账证、账实、账表相符。对各种设备、材料、工具、器具等要逐项盘点核实并填列清单，妥善保管，或按照国家有关规定处理，不准任意侵占和挪用。

（2）对照、核实工程变动情况，重新核实各单位工程、单项工程造价。将竣工资料与原设计图纸进行查对、核实，必要时可实地测量，确认实际变更情况；根据经审定的施工单位竣工结算等原始资料，按照有关规定对原概（预）算进行增减调整，重新核定工程造价。

（3）将审定后的待摊投资、设备工器具投资、建筑安装工程投资、工程建设其他投资严格划分和核定后，分别计入相应的建设成本栏目内。

（4）编制竣工财务决算说明书，力求内容全面、简明扼要、文字流畅、说明问题。

（5）填报竣工财务决算报表。

（6）做好工程造价对比分析。

（7）清理、装订好竣工图。

（8）按国家规定上报、审批、存档。

二、工程造价管理存在的问题

（一）投资估算不准确

投资估算由建设单位或咨询单位编制。投资估算不准确的原因：一是建设单位对投资估算的编制不重视，其编制仅为了应付审批，既没有开展广泛调研寻找基础数据，也没有根据项目情况和特点进行深入细致的分析，在编制投资估算时简单地在立项批复的资金范围内粗略估算，导致计算结果不能反映真实情况；二是编制时间过短，有的建设单位为了尽早完成项目报批，要求咨询公司在很短的时间内完成投资估算，根本没有足够的时间完成调研工作，也无法准确地编制投资估算；三是设计人员与造价人员之间缺乏沟通机制，一直以来提倡限额设计，也仅做到了为设计人员提供造价目标，实务中造价人员往往要等到设计工作完成后才开始计价，对设计图纸不合理或有错误的地方并不能完全发现；四是咨询单位缺乏专业设计人员，编制投资估算所依据的工程方案等基础资料，理论上应该由专业设计人员完成，但是有的咨询单位并没有设计人员，往往由造价人员依照经验设定，缺乏科学性和合理性，直接导致投资估算偏离实际；五是造价人员能力不足，没有积累足够的投资估算编制基础数据，对拟建项目缺乏了解，导致估算结果错误；六是对投资估算的编制质量缺乏内部控制措施，编制投资估算的咨询单位，没有建立针对投资估算的内控制度，对投资估算没有严格的审核和批准流程。

（二）设计概算编制质量不高

设计概算由设计单位编制。设计概算编制质量不高的原因：一是设计单位对设计概算的编制不够重视，有的设计单位认为初步设计比较粗略，将来的施工图设计还可能有较多修改和调整，以初步设计为基础编制的设计概算也没有必要准确计算；二是政府管理部门对设计概算的审批不够重视，只要不突破投资估算，基本上没有审核设计概算的准确性；三是建设单位对设计概算的质量没有控制，建设单位与设计单位签订的委托设计合同中，没有对设计概算的质量进行约束，对设计概算不准确导致的投资问题，没有相应的约束条款，导致设计单位不用对设计概算的不准确负责，因此也没有足够的责任心提高设计概算的编制质量。

（三）工程量清单编制存在的问题

1. 工程量计算不准确

工程量计算不准确的原因：一是招标人对工程量计算不够重视，认为工程量计算错误可以在后期执行合同时进行补救，所以错了也没有关系。其实这种认识是片面的，如果双方签订的单价合同，按照工程量清单计价规范，招标工程量清单中出现缺项、工程量偏差，或因工程变更引起工程量的增减，应按承包人在履行合同过程中实际完成的工程量计算。但如果出现工程量多计的情况，如果承包人没有提出，发包人也没有发现，则会给发包人造成损失。二是造价人员业务水平和责任心不够。近年来建设市场发展很快，需要大量的造价从业人员，但是有一部分造价人员专业素质不高、经验不足、对工作的责任心不够，导致工程量计算时出现多算、漏算、错算等问题。三是设计图纸的质量有问题，设计单位完成设计图纸时，没有认真审核，不同专业图纸之间存在矛盾，遗漏标注尺寸或有设计错误。

2. 清单项目特征描述不准确

分部分项工程量清单当中，有一项是对该分项工程的特征描述，其作用是说明具体做法、结构要求、材质、安装方式等。分项工程的项目特征描述对计价有重要影响，项目特征描述不准确会导致计价不准确。项目特征描述不准确的原因：一是图纸设计深度不够，设计图纸对某个分项工程的做法交代不清，或者有的专业分包工程的深化设计图纸与总图有矛盾，都会造成清单项目特征描述不准确；二是造价人员专业能力和职业素质不够，在编制时不够仔细，没有认真查看图纸的要求和做法，直接按经验填写，造成清单描述与设计图纸不一致；三是编制时间太短，没有认真填写和审核项目特征。

3．清单缺项、漏项

清单缺项、漏项的原因，主要是编制时间太短以及编制人能力不足等。对于某些工期较紧的项目，由于清单编制时间不充足，清单编制人对法律法规、图纸、招标文件、施工工艺流程、施工规范不熟悉等原因，经常导致部分清单项目缺项、漏项。这将会造成施工方签证变更数量过多、招标人成本失控等后果。

（四）招标控制价存在的问题

1．计价范围与招标范围不一致

编制人员在编制招标控制价时没有遵循招标文件或招标答疑的规定，造成招标控制价计价口径与其不一致，导致招标控制价不准确。

2．人为调整招标控制价

合理的招标控制价应根据规范文件编制和审核，应当与建筑市场价格基本一致。有的工程出于各种原因，人为抬高或降低招标控制价，有的招标管理机构甚至把备案的招标控制价打折后作为最高限价，后期在施工过程中，中标单位通过不断签证工程变更工程结算价，以致工程竣工结算大大超过招标控制价。

3．综合单价不合理

综合单价不合理原因：一是工料机单价对综合单价有重要的影响，编制招标控制价时，工料机单价应根据工程所在地相关部门发布的造价信息确定，无参考信息价的，应进行市场询价。有的招标控制价在编制过程中，编制人随意确定工料机价格导致综合单价不合理，与市场价格严重偏离。二是综合单价确定后，应该进行复核。有的编制人对综合单价复核不严，甚至出现同一个单项工程的不同单位工程中，特征完全相同的子项综合单价不一致的情况。三是综合单价的计算随意性大，组价错误，未考虑风险因素。

4．措施费计算不规范

措施费计算不规范体现在：一是措施费项目计算不完整，如未考虑企业检验试验费、夜间施工增加费、冬雨季施工增加费及已完工程及设备保护费等；二是措施费计算不规范，如计算专业措施项目费用时，由于缺少可依据的施工组织设计，造成措施费重复计算、前后口径不一致、漏算项目等问题。

(五）工程结算存在的问题

1．结算依据漏洞多

（1）合同条款不规范。

合同条款签订不严密、不规范，给工程结算留下许多活口和漏洞，是引发工程计价高估冒算以及结算争议的重要原因。特别是在包干工程项目中，对包干范围及调整条件和调整方式等没有明确规定或措辞不严谨，结果包干项目包不死，合同条款无法执行，形同虚设。

（2）履行合同不严格。

建设工程经过有资质的机构编制招标文件，按法定程序，通过公开、公平方式招标、评标、定标，根据规定，合同价不能违背招投标文件中关于造价的实质性内容，即应以施工单位的中标价作为合同价，并作为工程结算的基础。然而，目前仍有不少工程定标后，双方签订承发包合同时，在合同中再约定按实结算，招投标只起到确定施工单位的作用。有些工程最后确定的结算内容与招投标文件、合同存在严重背离，如：结算方式由中标价加变更签证改为全部按实结算；主要材料价格不按招投标及合同约定的价格，改为重新核定；工程造价下浮率不按招投标文件规定；等。

（3）设计深度不足。

设计文件是工程计价的重要依据，如设计深度不足，缺少细节详图，必然导致工程施工过程的变更多，现场签证多，结算造价远远超出工程中标价。

2．签证管理不严格

工程签证对结算造价有很大影响，有的工程结算大幅超支，正是因为签证管理不严格。签证管理不严格的原因有：一是建设单位没有严格审核签证。建设单位工地代表一般是施工管理专业人员，比较重视质量、进度和安全管理，缺少工程造价控制意识，在审核签证时，一般不重视其对造价的影响。二是签证舞弊，有的施工单位在隐蔽工程签证中，利用其完成后不易开启检验的特点，独立或与建设单位、监理单位现场管理人员合谋舞弊，达到多计工程款的目的，还有的甚至对完全虚假的事项办理签证。三是签证不规范，在签证事项发生后，没有及时办理，而是后期补签，或者签证内容不清楚，缺少材料、做法、尺寸等事项，无法准确计价，或者签证时没有签署日期，无法判定材料、人工的准确价格等；工程发生变更时，往往既有增项也有减项，而施工单位在办理签证时只写增项，不写减项，如果建设单位没有引起重视，很容易造成只增不减，多计造价。

3．施工单位多计工程款

施工单位多计工程款的主要方式：一是多计工程量，包括超出合同范围、设计图纸范围计算工程量，在设计变更中多计工程量，计算因自身原因造成返工的工程量；二是对增项部分，提高材料价格、高套定额和提高取费标准，多计工程价款；三是违反计价原则，在工程量清单计价模式下，想方设法按实进行结算；四是违反合同约定调增综合单价，或依据约定应调减而未调减综合单价；五是有增项时，总承包服务费、措施费等费用计取不合理；六是违规报送工程签证、施工索赔等合同外价款。

（六）竣工决算存在的问题

1．决算编制不及时

竣工决算由建设单位编制。当前竣工财务决算往往未按规定时间编制。根据《基本建设项目竣工财务决算管理暂行办法》第二条：基本建设项目完工可投入使用或者试运行合格后，应当在3个月内编报竣工财务决算，特殊情况确需延长的，中小型项目不得超过2个月，大型项目不得超过6个月。根据《企业财务通则》第二十六条：企业在建工程项目交付使用后，应当在一个年度内办理竣工决算。决算编制不及时的原因：一是建设单位管理部门不重视，缺少及时编制竣工决算的内部管理制度，对于竣工决算编制的难度估计不足，各项准备工作不充分，无法按时组织和编制决算；二是决算编制基础资料不齐全，建设单位经验不足，没有按照管理要求从工程建设初期就收集决算编制的基础资料，致使有的工程建设过程资料缺失；三是不同的单位工程进度不一致，致使整个建设项目无法编制竣工决算；四是财会人员对工程造价和管理知识不够了解，财务部门与建设管理部门之间的协调配合不足。

2．决算报表数据不准确

根据《基本建设财务规则》第三十一条：项目竣工财务决算是正确核定项目资产价值、反映竣工项目建设成果的文件，是办理资产移交和产权登记的依据，包括竣工财务决算报表、竣工财务决算说明书以及相关材料。项目竣工财务决算应当数字准确、内容完整。决算报表数据不准确，往往是由于会计核算科目明细设置不合理，不能满足决算编制的要求，不得不进行调整。

3．虚列建设成本

虚列建设成本是将不属于建设工程应负担的支出计入建设工程，主要原因有：将建设工程以外的内容列入建设成本；对不符合合同的支出、无发票或发票不全、审批手续不全的支出列入成本；将非建设单位原因造成的工程损失，未经过报批手续的损失，以及符合规定的验收条件之日起3个月后发生的支出列入建设成本。

第三节　工程造价管理审计实务工作的重点

一、投资估算审计

为了保证项目投资估算的完整性和准确性，确保投资估算的质量，防止投资估算误差过大，应认真开展投资估算的审计。审计的内容主要有以下几个方面：

（一）审计投资估算的编制方法

投资估算的编制方法有很多，各种方法均有各自不同的适用范围和精确度，投资估算编制方法应符合拟建工程的情况以及与能够取得的基础资料相匹配。

（二）审计投资估算编制的依据

编制投资估算时需采取各种基础资料，这些资料应适合拟建工程的实际情况。由于地区、价格、时间、定额和指标水平的差异，投资估算数额往往有较大的偏差，在审计时应重点审计各种资料的时效性、准确性和适用范围。

（三）审计投资估算的内容

审计投资估算的内容，具体包括：根据采用的投资估算方法，投资估算的费用项目和规定要求与实际情况应当一致，不能有错项、漏项和重项；依据已建项目资料或投资估算指标编制估算时，应当考虑地区差异、建筑构造差异、时间差异，调整系数应当恰当；应当考虑物价、汇率对投资额的影响，判断变动幅度的合理性；环境保护措施和"三废"处理方法所需的投资应当合理，与实际需求相符。

二、设计概算审计

（一）审计概算编制内容

（1）审计概算的编制原则。概算的编制原则应符合党的方针、政策，并结合工程所在地的自然、社会、经济条件编制。

（2）审计概算的编制依据。概算的编制依据应合法，依据相关的法律法规和规范性文件规定，各种依据，如概算定额、概算指标、工料机价格、费用的取费标准等应为现行最新规定，且适用范围符合本地区、本行业、本部门的规定。

（3）审计建设内容。建设规模（投资规模、生产能力等）、建设标准（用地指标、建筑标准等）、配套工程、设计定员等应符合原批准的可行性研究报告或立项批文的标准。对总概算投资超过批准投资估算10%以上的，应查明原因，重新上报审批。

（4）审计编制方法、计价依据和程序。设计概算的编制方法选择应适当，与初步设计图纸的深度匹配，根据掌握的基础资料，能够最恰当和合理地反映拟建工程造价，计价依据和程序应符合现行规定。

（5）审计工程量计算。工程量的计算应根据初步设计图纸、概算定额、工程量计算规则和施工组织设计的要求进行，不存在多算、重算和漏算问题，尤其对工程量大、造价高的项目要重点审计。

（6）审计材料用量和价格。主要材料（钢材、木材、水泥、砖）的用量应符合该类型建设工程的消耗量指标，材料预算价格应符合工程所在地的价格水平，材料价差调整应符合现行规定及其计算应正确等。

（7）审计设备规格、数量和配置。设备应符合设计要求，与设备清单相一致，设备预算价格应当真实，标准设备、非标准设备、进口设备费用的组成内容符合规定，计算方法和程序正确。

（8）审计建筑安装工程费用。各项费用的计取应符合国家或地方有关部门的现行规定，计算程序和取费标准应当正确。

（9）审查综合概算、总概算的编制内容、方法。综合概算、总概算应符合现行规定和设计文件的要求，不存在设计文件外项目，不能将非生产性项目以生产性项目列入。其组成内容应完整地包括建设项目从筹建到竣工投产为止的全部费用。

（10）审计工程建设其他各项费用。这部分费用内容多、弹性大，约占项目总投资的25%，要按国家和地区规定逐项审计，不属于总概算范围的费用项目不能列入概算，要审查具体费率或计取标准是否按国家、行业有关部门规定计算，有无随意列项，有无多列、交叉计列和漏项等。

（11）审计项目的"三废"（废水、废气、废渣）治理。拟建项目必须同时进行"三废"治理并同时投资建设，建设标准应达到"三废"排放国家标准。

（12）审计技术经济指标。技术经济指标计算方法和程序应当正确，综合指标和单项指标与同类型工程指标相比，若有偏差，应查明原因并予以纠正。

（13）审计投资经济效果。设计概算是初步设计经济效果的反映，要按照生产规模、工艺流程、产品品种和质量，从企业的投资效益和投产后的运营效益方面全面分析其是否达到了先进可靠、经济合理的要求。

（二）审计概算的调整

（1）审计概算调整范围。依据国家发展改革委的规定，核查建设单位申请调整概算的范围、内容及依据、原因，是否符合国家现行有关规定。

（2）审计概算调整报批程序。建设单位申请调整概算的程序应合规，中央、地方预算内投资项目申报调整概算，应按国家现行概算调整管理规定，分别向国家发展改革委、省（市、自治区）发展改革委提出申请报告。对于先审计、后调整的概算审批程序的执行情况，国家发展改革委（发改投资〔2009〕1550号）规定：中央预算内投资项目中申请调整概算的项目，凡概算调增幅度超过原批复概算10%及以上的，国家发展改革委原则上先商请审计机关进行审计，待审计结束后，再视具体情况进行概算调整。

（3）审计投资概算调整管理工作。依现行规定，对于申请调整概算的投资项目，各级发展改革委应当按照"静态控制、动态管理"的原则，区别不可抗拒因素和人为因素对概算调整的内容和原因进行审查。对于使用基本预备费可以解决问题的项目，不予调整概算；对于确需调整概算的项目，须经国家发展改革委组织专家评审后方予核定批准；对由于价格上涨、政策调整等不可抗拒因素造成调整概算超过原批复概算的，经核定后予以调整。调增的价差不作为计取其他费用的基数。审计时，应关注这些概算管理规定是否落实到位，主管部门、承办人员有无失察之处和失职、渎职行为。

如有发生,应查明情况、后果及原因,追究相关单位及人员的行政、法律责任。

(4)审计概算调整违规处罚执行情况。对于工程概算编制、审批、执行、监管工作过程中发生的过失、失职、渎职行为,国家发展改革委作了如下处罚规定:对由于勘察、设计、施工、设备材料供应、监理单位过失造成调整概算超过原批复概算的,根据违约责任扣减有关责任单位的费用,超出的投资不作为计取其他费用的基数。对过失情节严重的责任单位,建议相关资质管理部门依法给予处罚并公告。对由于项目单位管理不善、失职渎职、擅自扩大规模、提高标准、增加建设内容、故意漏项和报小建大等造成调整概算超过原批复概算的,应给予通报批评。对于超概算严重、性质恶劣的,向国务院报告并追究项目单位的法律责任。

三、施工图预算审计

(一)审计施工图预算的编制

(1)审计工程量清单的编制主体资质。工程量清单应由具有编制能力的招标人或受其委托、具有相应资质的工程造价咨询人编制。

(2)审计工程量清单内容的完整性。工程量清单应当包含清单计价规范要求的全部内容,且与施工图内容衔接一致。各项清单的列项应完整,无重复、错漏,项目特征描述应当清晰并与施工图纸保持一致。

(3)审计工程量,主要审查是否多计、重计、虚增工程量,或少计、错计工程量和漏项,以及有关工程量换算是否按规定计算。

(二)审计施工图预算的计价

(1)审计清单计价的依据:一是审查招标人编制招标控制价的依据,是否根据工程量清单计价规范,预算定额,施工图设计文件,与建设工程相关的标准、规范、技术资料、工程造价(预算价、市场价)信息,其他相关资料进行编制,有无漏项或计价差错;是否计入暂列金额和暂估价,估算的不可预见费和专业工程暂估价有无明确内容,总额度有无偏高或偏低,所有清单项目计价是否科学、合理、合法。二是审查投标人编制投标报价的依据,是否低于施工成本,有无"不平衡报价"、计列风险费用。审计时,应特别关注不平衡报价问题。要注意审查工程投标报价中有无投标人在不提高投标总价的前提条件下,故意报低一些分部分项工程综合单价,同时提高招标文件中漏项或施工中必然变更的分部分项工程的综合单价,以期达到"低价中标、高价结算"投机目的。

(2)审计清单计价适用范围:国有资金投资的工程项目必须实行清单计价,具有强制性,由政府主管建设部门组织实施,审计机关监督;民营企事业单位和个人投资的建设工程计价,可用工程量清单计价,具有选择性,由投资人自主决定组织有资质人员办理,或委托社会中介提供工程造价咨询有偿服务。

（3）审计综合单价的填报有无明显错漏，招标工程量清单与计价表中列明的所有需要填写单价和合价的项目，投标人均应填写且只允许有一个报价。未填写单价和合价的项目，可视为此项费用已包含在已标价工程量清单中其他项目的单价和合价之中。当竣工结算时，此项目不得重新组价予以调整。

（4）审计综合单价组成内容，审计综合单价分析表，重点关注各类清单项目综合单价的定价依据和计算规则，是否符合相关文件规定；同时验证编制施工图预算和工程价款结算计列的各个清单项目分部分项工程量价内容的真实性、可行性和合规性。

（5）审计主要建材（一般为钢材、水泥、木材等）和主要设备的数量、价格及名称、品牌、规格、型号、尺寸或质量、采购方式、供货厂商、运输距离是否与设计及设备材料清单相符合。

四、工程结算审计

（一）审计工程预付款的结算与支付

预付款的比例，应按合同约定拨付，预付比例应控制在合同约定比例，且在合同金额的 10%～30% 的幅度内。审计重大工程及工期长的项目预付款，应当按年度工程计划和工程实际进度逐年分期分次预付。预付工程款的时限，发包人应按合同约定执行，如发包人违约，应规定计算与支付延期应付款的利息。预付工程款抵扣方式应在合同中约定，并在工程进度款中进行抵扣。发包人应当遵守预付款支付条件，不能在未签订合同或对不具备施工条件时，违规预付工程款，并以预付款名义转移、挪用建设资金。

（二）审计工程进度款的结算与支付

工程进度款通常有按月结算和按形象进度结算两种方式，发承包双方应在合同中明确进度款的结算和支付方式。按月结算时，承包人应在规定时间内报送每月完成工程量及造价，监理单位和发包人审核后在规定时间内支付进度款，工程竣工后办理工程清算和竣工结算；如果合同工期在两个年度以上，应在各年终进行工程盘点，办理年度工程进度款结算。按工程形象进度结算时，发承包双方应在合同中约定付款的形象进度，一般按分部工程施工阶段划分，如基础、主体封顶、围护结构等。

对以上两种进度款结算方式进行审计时，重点关注：承包人应按合同约定的结算方式和时间，按期及时向发包人提交已完工程量价结算书。发包人应当会同承包人、监理人共同到达工程现场核实已完成工程量。承包人不能超出设计图纸（含变更设计）范围多报工程量价，不能将承包人自身原因造成返工的工程量价计入已完工程结算书内，如有，发包人应当扣除。发承包人应当根据双方确定的工程计量结果，按当次工程结算价款在不低于60%、不高于90%的幅度内计算应支付的进度款，同时达到预付款起扣点时，应扣回预付款。发包人应按合同约定及时向承包人支付工程进度款。延期支付工程进度款时，发包人应与承包人协商签订延期付款协议，并按规定加付延期应付款的利息（按同期银行贷款利率计算）。发包人违反合同付款约定，导致工程停止施工的，应由发包人承担违约责任和经济损失。因工程质量问题等承包人的原因，导致工程停工的，应由承包人承担停工损失。

（三）审计工程竣工价款的结算与支付

各类投资主体的建设工程完工后，发、承包人双方应当按照约定的合同价款和合同价款调整内容以及索赔事项，办理工程竣工结算。工程竣工价款结算与支付审计要点：

1．审查工程竣工结算方式

工程竣工结算，一般划分为单位工程竣工结算、单项工程竣工结算、建设项目竣工总结算三种方式。审计时，要注意工程进度与工程竣工的阶段性特点，按工程实际完工情况实施审计监督。

2．审查工程竣工结算编审程序

按现行规定：单位工程竣工结算由承包人编制，发包人审查；实行总承包的工程，由具体承包人编制，总包人初审，发包人复审；单项工程竣工结算或建设项目竣工总结算，由总承包人编制，发包人审查，也可委托具有相应资质的工程造价咨询机构进行审查。其中，政府投资项目由同级财政部门审查，审计机关重点抽查复核，同时检查编审单位是否在规定期限内完成编审工作，执行编审程序的情况及结果。各级审计机关在其管辖范围内负监督检查之责，发现问题，提出意见，督促有关单位、部门整改。

3．审查工程竣工价款结算与支付情况

（1）审计结算报告和资料的真实性、合规性。承包人编制的工程竣工结算报告和全套竣工结算资料、工程竣工图纸应真实合规，不存在造假、虚报和高估冒算，以及漏项、计算错误等。

（2）审计发包人竣工结算审核的及时性、正确性，发包人收到承包人提交的竣工结算报告及相关资料后，应按规定或合同约定的期限进行审查核实，及时给予确认或提出修改意见，不存在故意拖延等违约行为；双方确认结算款后，发包人应按合同约定的时限支付工程竣工结算价款，注意应保留合同约定比例的工程质量保修金。缺陷责任期内如发生工程返修和维修，施工单位是否及时完成，否则由发包人另行找人维修，费用从质量保修金内扣除。

（3）审计索赔价款是否按程序审查核批，发包人是否按合同约定支付索赔款。

（4）审计合同外结算项目，有无设计外的"夹带工程"；零星工程有无补充协议或施工签证，工程数量和单价是否核实，工程价款是否及时结算付款。

（5）审计发包人是否按规定程序报送审计机关审计，以审计报告核定的工程竣工结算价款金额为依据办理支付工程款。

五、竣工决算审计

竣工决算审计，应以国家有关政策、法规，以及审计署发布的《政府投资项目审计规定》和经有权单位批准的规划、设计文件为主要依据，结合工程竣工图、竣工项目验收和技术档案资料开展审计；重点审阅大、中、小型建设项目的概况表，交付使用资产的明细表和汇总表，按实际情况分析和确定审计内容。应着重审计下列工程事项的真实性、合法性及效益性：

（1）审计工程建设内容。建设内容应当与报批的内容一致。竣工工程的建设程序、建设规模、建设内容、建设标准应当符合有关政策和规划设计要求；已建成工程与可行性研究报告、初步设计、施工图设计应当一致，如发生差异，要分析原因并明确责任人员，如果将立项审批范围以外项目列入决算，则属于违规行为。

（2）审计建设资金使用情况。核实办理工程竣工验收和竣工决算的单位工程和单项工程数量，有无遗留的在建工程和尾工工程，如有则应查明未完工程量及所需投资额，未能全部建成、交付使用的原因及影响，是否存在虚列工程项目，转移、挪用建设资金。

（3）审计竣工工程质量。核查交付使用资产的工程质量和验收情况，是否全部达到设计标准和竣工验收技术规范，如有验收不符合工程质量要求的工程，施工单位是否及时返修，返修后的质量验收情况如何，工程质量保修金的使用情况；如何是否存在建成后不能投入使用的工程，原因是什么，例如是否存在生产设备与土建工程不配套的问题，环境保护设施是否同时完成等，后续如何处理的，造成工程质量事故的责任人是如何追究责任的。

（4）审计固定资产移交情况。建设工程竣工验收后，审计给业主、使用单位的房屋等建筑物、构筑物和设备、器具、工具、家具、材料等资产的数量和价值是否真实、准确，有无虚报和高估等问题。

（5）审计工程造价。审核施工图预算执行情况和工程实际造价，是否超出设计概算或调整概算总额，有无概、预算外的工程投资支出。检查竣工项目各个年度投资计划执行情况及结果，是否按期完成投资额，影响项目投资计划落实的原因及结果。建设单位编报竣工工程决算的完成建安投资、设备投资、待摊投资及其他投资的真实性、准确性、合规性。

（6）审计投资效益。审计评价工程项目投资的内部收益和外部效益，分析评估工程项目投产或交用后年新增的产值、利税、创汇的数额和新增固定资产价值；单位生产能力、单位产品成本，达到设计生产能力的能力；测评投资回收期、银行贷款偿还期；工程项目建成投产或交付使用所带来的环境效益和社会效益，如绿化环境、增加就业人数、促进产业结构调整、资源开发利用、城乡建设，以及有无决策失误、重复建设、产品结构失衡、产能过剩、达产能力不足、超标工程、重大损失浪费等方面的问题。应在评估论证上述单项经济指标和技术参数的基础上，综合分析竣工工程决算各项指标的准确性、真实性和效益性。

（7）总结工程建设管理和建设、设计、施工、监理环节的监控效率及经验教训，存在哪些薄弱环节，针对制度和机制、体制上需要改进与完善之处，提出整改意见与建议。

第四节 工程造价管理审计案例

一、某文化中心外立面装饰工程审计

（一）案例情况及背景材料

Q区文化中心外立面装饰工程，外立面面积约20 000 m^2，项目业主为Q区文化局，工程使用政府投资资金建设，外立面装饰工程总投资1 156万元。工程于2013年8月16日开工，2014年8月15日竣工，总工期365日历天。工程范围包括外立面装饰工程，由Y建筑工程有限公司承建。

（二）审计组织及实施过程

2015年，Q区审计局按审计计划安排进场对该项目进行竣工决算审计，审计人员在对外装饰工程的基本资料进行初步审核后发现，该项目合同金额为694.96万元，结算送审金额达2 898.09万元，是合同金额的4.17倍。结算金额超合同金额如此之多的情况是很罕见的。于是Q区审计局组织精干力量，对该项目的竣工决算展开审计。

审计组进场后，建设项目业主提供了大量的项目档案资料。审计组在对项目资料进行初期研判后发现，项目建设中存在较多设计变更和现场签证，并且还有多张核价单是该局局长金某"亲自"签字确认的现象。结算送审金额中原清单部分1 585.23万元，而立面改造和签证部分分别为1 095.93万元和216.93万元，仅仅是这两部分的金额就占了送审金额的45%。凭借审计人员的专业敏锐性，推测该项目的核价、设计变更和签证可能存在较大问题，应该作为下一步审计工作的重点。

审计组的审核重点为设计变更和签证的合理性，以及程序是否规范这两方面。按照前期研判的重点，审计人员在查阅设计变更的相关资料时发现：该工程设计图纸要求该项目的幕墙骨架使用110系列，但施工过程中变更为170和180系列，增加金额95万元；外墙干挂石材变更为仿青砖外墙涂料，增加金额68.8万元；增加钢结构屋架，涉及金额318万元。按照区内的相关规定，凡是重点项目的设计变更超过50万元的，必须经区财政评审中心评审，履行相关程序后方能实施。审计人员一再要求建设单位提供相关批复资料，但建设单位相关人员却无法提供。

这让审计人员对设计变更的真实性和合理性产生了极大的怀疑。于是，审计人员开始利用投资审计平台进行项目基础数据分析，发现该项目的建筑面积只有 19 888 m²，但是外墙装饰面积却达到 33 144 m²，指标明显异常，外墙装饰部分很可能存在多计或重复计取工程量的情况。

另外，审计人员在利用投资审计平台对比投标数据和送审结算数据时发现，投标时的措施费和送审结算的措施费不同。按照合同关于措施费的约定：无论因设计变更还是施工工艺变化等任何因素而引起的实际措施费的变化，均按投标时措施项目费的报价作为结算价。然而送审结算的措施费是按照送审价据实调整的，这明显违背了合同约定，多计取了费用。

审计人员根据前期发现的疑点，在审计的过程中，采取了查阅资料，审核竣工图、施工图、设计变更，通过专业软件进行计量、计价，踏勘现场，与建设单位、施工单位当面进行核对和向相关人员问询，并利用投资审计平台对投标文件和送审结算表格进行对比等多种审计方法展开全面复核工作。

由于提供的竣工图纸与工程现场实际情况存在不一致的情况，现场查勘工作就显得极为重要。审计人员准备好相关需现场核实的资料，联系建设单位项目负责人，组织相关人员到项目现场进行第一次实地查勘。施工单位对设计变更部分的勘查有意回避，总以各种理由推脱。

现场查勘结束后，审计人员与建设单位、施工单位相关人员进行工程量核对，当审计人员指出现场部分尺寸数据与图纸资料等不相符时，施工单位立刻表现得极不配合，始终坚持自己送审的工程量，不同意审计组的意见。对于一些明显的工程量计算错误，施工单位一直坚持着自己的算法，如施工单位在计算玻璃幕墙工程量时没有扣除铝塑板包柱的工程量，造型柱仿小青砖质感涂料在竣工图的图示尺寸大大超越实际尺寸等问题。

审计人员与施工单位相关人员多次对量后均没有达成一致意见，继而又对隐蔽工程进行了两次"破坏"查勘工作，采用了红外线测距仪、游标卡尺等设备对现场能够丈量的项目进行了实际丈量，并对现场情况进行了取证工作。

（三）发现问题及定性依据

1．工程变更未履行审批程序

最终审计人员发现，幕墙骨架由110系列变更为170系列和180系列、外墙干挂石材变更为仿青砖外墙涂料、增加钢结构屋架等设计变更均未按照区内相关程序进行审批，违反了《Q区政府投资项目设计变更管理办法》的规定。

2．多计工程款

多计工程款表现在多计工程量和工程措施费：

（1）170系列隐框中空玻璃幕墙工程量多计2 300.29 m^2，涉及金额360万元；外立面铝塑板装饰柱量多计3 889.96 m^2，涉及金额249万元。

（2）造型柱仿小青砖质感涂料工程量多计3 634.9 m^2，涉及金额224万元。

（3）钢结构工程量多计116.371吨，涉及金额133万元。

（4）《施工合同》约定：无论因设计变更或施工工艺变化等任何因素而引起实际措施费的变化，均按投标时措施项目费的报价作为结算价。然而送审结算的措施费是按照送审价据实调整的，这明显违背了合同约定，多计取了费用。

以上事项违反了合同约定，造成财政资金的损失。

3．领导干部违规审批

局长金某"亲自"核价的1棵蓝花楹（胸径55 cm、高8～9 m），施工单位报价49.5万元，业主核价49.5万元，审计最终核实为39.5万元，核价虚高10万元，高出比例20.2%。

核价工作应由建设单位工程造价专业人员负责，局长金某"亲自"核价，违反了《Q区建设项目管理规定》，造成财政资金的损失。

（四）审计建议及处理结果

针对上述问题，Q区审计局已依法出具审计报告，建议Q区文化局进一步规范工程建设管理和内部控制程序，并将发现的违法线索移交纪检监察部门处理。经立案查实原该局局长金某受贿133万元和基建科科长钱某受贿46.5万元事实，被区检察院以受贿罪提起公诉。经区人民法院最终判决，该局局长金某以受贿罪，判处有期徒刑5年6个月，并处罚金人民币35万元；科长钱某以受贿罪，判处有期徒刑3年6个月，并处罚金人民币20万元。

（五）总结与启示

1．审计要善于发现线索

审计人员应从项目审计中多积累经验，培养职业敏感性，对异常现象保持高度警惕性，善于观察，从细节着手，发现疑点。本案例就是从超合同价金额过高及建设单位原局长亲自参与签字核价入手，顺藤摸瓜，一步步核实，深入查证发现案件线索的。从数据的真实性、合理性分析，需要具备丰富的审计经验及对数据的敏感性，这就要求我们打好基础，在平时的工作中多积累指标数据，熟悉材料市场价格，以及建设工程项目管理的程序性规定。

2．灵活采取多种审计手段

工程项目的审计往往因为工程项目资料的不规范增加工程竣工决算审计的难度，使审计人员难以把握。其主要原因是工程项目审计大多为事后审计，仅凭建设项目业主提供的资料进行审核，资料的真伪很难直观判断。Q 区审计局在对该区文化中心建设项目竣工决算审计中发现外装饰工程送审金额是合同金额 4.17 倍的罕见情况，引起了审计人员的高度重视。进一步查看发现该项目大量竣工资料不规范、程序不到位，并运用大数据比对来发现问题、核实问题、落实问题，审减率高达 33.23%。最后该项目业主 Q 区文化局原局长金某和基建科原科长钱某被移送纪检监察部门立案查处，并追究刑事责任。要求审计人员采取多种手段进行审计，特别是资料的审阅与信息化手段、现场查勘核量相结合，需要审计人员对工程计量具有较强的专业能力和不怕苦、不怕累的精神，同时还要有良好的心理素质，不惧施工单位和建设单位工作人员的回避、推脱甚至态度强硬。

二、某幼儿园工程审计

（一）案例情况及背景材料

A 幼儿园工程，工程建设投资 350 万元，建筑面积 1 500 m²。建设内容为：基础、主体、门窗等土建工程；给水、排水、消防、强电、弱电等安装工程；以及道路、围墙、综合管网、绿化等等工程内容。项目开工时间：2017 年 4 月 1 日；竣工时间：2018 年 3 月 20 日；资金来源：D 区财政资金。施工单位中标金额 280 万元。

（二）审计组织及实施过程

2018 年 1 月，D 区审计局对 A 幼儿园工程进行工程审计。建设单位一审审核后的工程造价为 390 万元。一审金额比合同金额增加 110 万元，增加比例高达 39%。审计组通过审阅结算资料发现，一审结算从定额子目套用的准确性、工程签证合理性、工程竣工资料的完整性上都不存在明显的问题，但通过计算单方造价达到 2 600 元/m²，与市场上单方造价 2 000 元/m² 比较偏高。即便考虑到该工程因建设单位原因造成工程延期，存在窝工和材料涨价等因素，但 2 600 元/m² 的造价已明显超出当地的建筑市场价格。

审计组通过分析发现电气工程 92 万元，单方指标高达 613 元/m²，于是将电气工程作为审计重点。

（三）发现问题及定性依据

审计组详阅施工图与结算资料，发现电气施工图设计总电源使用 ZR-YJV22-3×240+1×185 和 ZR-YJV22-0.6/1kV 3×150+1×95 的主电缆从居委会旁的配电室通过电缆沟敷设引入，设计长度 520 m。电气结算中也计入这两种型号电缆 520 m，造价 48 万元，设计长度与实际施工长度分毫不差。直觉告诉审计人员，这其中必定有猫腻。

审计组从地图上测量，发现幼儿园项目到居委会的距离不过 200 m，520 m 的长度可以敷设两次还有剩余。

审计组对施工单位、建设单位相关人员询问时，均回复：按设计施工，实际施工与设计一致。

审计组通过现场勘查发现：电缆敷设长度为 220 m，并且电缆规格改变成 ZR-YJV22-3×185+1×95 和 ZR-YJV22-0.6/1KV 3×120+1×70，仅电缆一项，就审减 36 万元。

审计组从电气工程为突破口，又对门窗、保温、绿化工程实地勘测，审减了 24 万，共审减 60 万元，审减率为 15.38%。

通过以上审计程序，审计组认定建设单位未按照合同约定"以实际工程量乘以投标单价"进行结算，造成多计 60 万元。

（四）审计建议及处理结果

针对上述问题，审计组对建设单位成本部负责人向某、项目管理部负责人杨某以及公司副总郭某进行诫勉谈话，要求公司加强项目管理、成本控制，加强制度建设，落实成本管理制度，办理结算不能仅凭结算资料，必须进行现场踏勘，完整执行管理制度。

（五）总结与启示

1．熟悉造价指标

审计组通过对造价指标的研判，分析出项目结算价不合理，进而通过对电气工程造价指标分析发现指标异常，确定审计重点。

2．重视现场踏勘

现场踏勘是工程审计必须进行的步骤，踏勘前应做好准备工作，比如制订踏勘方案、确定踏勘重点、携带测量工具等，了解施工现场容易出问题的点，比如保温层厚度、防水高度、门窗型材和玻璃厚度、道路基层和面层厚度、设备规格型号等。

第八章
工程质量管理审计与案例

第一节 工程质量管理概述

一、工程质量管理关键词

（一）建设工程质量

质量具有十分丰富的内涵，质量的载体，既有产品，也有工作和过程，质量的内容包括满足用户使用要求以及满足程度，即对需求的符合性和适用性。建设工程质量是建设工程的功能属性满足用户需求的程度，其符合性指符合国家法律、法规、技术规范与标准、设计文件及合同规定，适用性指满足业主的使用需要。建设工程质量不仅包括活动或过程的结果，还包括活动或过程本身，因此，建筑工程质量是工程建设各阶段的产品质量及相应的工作质量。建设工程全过程是由若干前后衔接的施工工序组成的。工序质量决定工程质量，每道工序质量必须满足规定的质量标准，最终才能获得质量合格的建筑产品。

（二）验　收

验收是在施工单位自行检查工程质量合格的基础上，由工程质量验收责任方组织，工程建设相关单位参加，对检验批、分项、分部、单位工程及其隐蔽工程的质量进行抽样检验，对技术文件进行审核，并根据设计文件和相关标准以书面形式对工程质量是否达到合格做出确认。

（三）工程质量影响因素

1. 工程建设人员

人是建设活动的主体，建设工程的决策、设计、施工和验收都是人完成的，人的质量意识和质量能力是影响工程质量的重要因素。人的质量意识体现在人对质量的理解、看法和重视程度等方面，人的质量能力是人在工程建设中表现出的知识、能力和水平，人的质量意识是质量能力提高的先决条件，因此要提高人的质量能力要先提高其质量意识。

2．建筑材料和构配件

建筑材料和构配件种类繁多，是构成工程实体的元素。劣质材料是劣质工程质量的祸首之一，控制好建筑材料与构配件的采购与保管环节，是保证建设工程质量的基础。当前建筑材料与构配件质量良莠不齐，产地、品牌、价格、运输与保管方式等都会影响建筑材料和构配件质量。

3．机械设备及工、器具

当前，建筑行业的机械化施工程度越来越高，机械设备及工、器具对工程质量的影响也越来越大，高性能的机械设备及工、器具能够搞高劳动效率、降低劳动成本并提升施工过程的安全性、可靠性。施工单位应当重视机械设备及工、器具的采购、更新、保养维护与使用培训，使其成为工程质量的助力和保证。

4．施工技术

施工技术是完成建设工程的施工工艺、技术和方法。随着科学技术的进步，现代施工技术也得到了很快的发展，新工艺、新技术、新方法不断涌现。现代施工技术的进步在一定程度上解决了传统施工技术无法突破的技术瓶颈，为整个建筑工程的发展奠定了坚实的基础，例如深基础施工技术、水下工程施工技术、混凝土施工技术、爆破施工技术、预制构件装配技术、岩土掘进技术等，在不断地为人类创造建筑奇迹。

5．施工环境

施工环境对工程质量有着很大的影响。施工环境可以分为软环境和硬环境。软环境包括施工单位质量保证体系的建设情况、质量管理制度等。硬环境包括：施工现场作业环境，如现场水、电等能源供应条件，安全防护措施，交通运输条件，等；自然环境，如水文、地质、气象条件、周边建筑分布、地下障碍物等。施工的自然环境往往不可控，会增加工程施工的风险，对工程质量有不利影响；同时，施工单位还应高度重视软环境的建设和现场作业环境的监督检查，建立应急预案，加强对建筑风险的预防应对。

（四）主控项目和一般项目

建设工程质量检验项目分为主控项目和一般项目。主控项目是对安全、卫生、环境保护和公众利益起决定性作用的检验项目，其他项目都是一般项目。主控项目必须全部进行质量检查，并全部符合相应专业工程质量验收标准、设计和规范要求；对一般项目可根据施工单位质量控制情况确定检查项目，允许一般项目存在规定范围内的偏差。如钢筋安装质检，主控项目是受力钢筋的品种、级别、规格和数量，必须符合设计要求，检查数量要求全数检查，检验方法采用观察和钢尺检查；一般项目是钢筋安装位置，检查数量要求按构件数量的10%抽检，并允许存在规定的偏差。

二、工程质量管理主要法律依据

（一）《中华人民共和国建筑法》

《中华人民共和国建筑法》经1997年11月1日第八届全国人大常委会第二十八次会议通过，自1998年3月1日起施行。此后，经过两次修正，最近一次是根据2019年4月23日第十三届全国人民代表大会常务委员会第十次会议修正。该法共8章85条，内容包括总则、建筑许可、建筑工程发包与承包、建筑工程监理、建筑安全生产管理、建筑工程质量管理、法律责任、附则。《建筑法》旨在加强对建筑活动的监督管理，维护建筑市场秩序，保证建筑工程的质量和安全，促进建筑业健康发展。

（二）《建筑工程质量管理条例》

2000年1月30日，国务院布并施行《建筑工程质量管理条例》（国务院令第279号）。此后，经过两次修订，最近一次是根据2019年4月23日国务院令第714号《国务院关于修改部分行政法规的决定》修订。该条例共9章82条，内容包括总则，建设单位的质量责任和义务，勘察、设计单位的质量责任和义务，施工单位的质量责任和义务，工程监理单位的质量责任和义务，建设工程质量保修，监督管理，罚则、附则。该条例的出台是为了加强对建设工程质量的管理，保证建设工程质量，保护人民生命和财产安全。

（三）《房屋建筑工程质量保修办法》

2000年6月30日，建设部发布并施行《房屋建筑工程质量保修办法》（建设部令第80号）。该办法共22条，内容包括保修办法适用范围、房屋建筑工程质量保修的概念界定、主管监督部门、最低保修期限、保修期的起算、出现质量缺陷后各方的责任、罚则等。该办法的出台旨在保护建设单位、施工单位、房屋建筑所有人和使用人的合法权益，维护公共安全和公众利益。

（四）《房屋建筑和市政基础设施工程竣工验收备案管理办法》

2000年4月7日，建设部发布并施行《房屋建筑工程和市政基础设施工程竣工验收备案管理暂行办法》（建设部令第78号）。此后，根据2009年10月19日住房和城乡建设部令第2号修正，更名为《房屋建筑和市政基础设施工程竣工验收备案管理办法》。该办法共18条，内容包括适用范围、主管部门、工程竣工验收备案应提交的资料、各相关主体的职责、罚则等。该办法的出台是为了加强房屋建筑和市政基础设施工程质量的管理。

（五）《房屋建筑和市政基础设施工程竣工验收规定》

2013年12月2日，住房和城乡建设部发布并实施《房屋建筑和市政基础设施工程竣工验收规定》(建质〔2013〕171号)。该规定共14条,内容包括适应范围、主管部门、工程竣工验收组织实施主体、竣工验收必须符合的前提条件、竣工验收程序、验收合格应提交的资料等。该规定的出台是为了规范房屋建筑和市政基础设施工程的竣工验收,保证工程质量。

(六)《建筑工程施工质量验收统一标准》(GB 50300—2013)

《建筑工程施工质量验收统一标准》(GB 50300—2013)自2014年6月1日开始实施,根据建设部《关于印发〈2007年工程建设标准制订、修订计划(第一批)〉的通知》(建标〔2007〕125号)的要求,由中国建筑科学研究院会同有关单位在原《建筑工程施工质量验收统一标准》(GB 50300—2001)的基础上修订而成。该标准共有6章和8个附录,主要内容包括总则、术语、基本规定、建筑工程质量验收的划分、建筑工程质量验收、建筑工程质量验收的程序和组织。该标准旨在加强建筑工程质量管理,统一建筑工程施工质量的验收,保证工程质量。

三、工程质量监督管理体系

质量就是生命,这一说法反映的是产品质量对企业生存的重要性,在建筑行业,则更加贴切地体现在质量对人的生命安全的重要性上。劣质工程、问题工程往往危及人的生命,建设工程的特殊性使得其一旦发生质量安全事故,往往带来无法估量的生命财产损失。完善的建设工程质量监督管理体系对保证工程质量至关重要。

(一)建设管理部门对质量的监督管理

我国建设工程质量监督由建设行政主管部门及其授权机构实施,这种监管来自建设工程外部,主要目的是监督国家法律、法规和建设工程强制性标准的执行。我国主管建设工程质量的是住房和城乡建设部以及县级以上地方人民政府建设主管部门;实施机构是受县级以上地方人民政府建设主管部门或有关部门委托,经省级人民政府建设主管部门或国务院有关部门考核认定的建设工程质量监督机构,如省级建设工程质量安全监督总站,市、县建设工程质量监督站。其主要职责是根据国家法律法规和建设工程强制性标准,对受监工程实体质量和工程建设、勘察、设计、施工、监理单位等责任主体和质量检测等单位的工程质量行为实施监督,对现场施工安全进行监督,对工程质量安全证明文件进行审查,对竣工建设项目进行竣工验收备案,对本地区建设工程质量监督工作进行业务指导,掌握本地区质量安全状况,等。

(二)参建各方的质量监督管理

根据主体的不同,参建各方的质量监督管理分为两类:一是建设单位即业主的质量监督管理。当前我国实行建设工程监理制,属于强制监理范围内的工程由建设单位委托社会监理单位对工程建设进行质量监理,目的是保证建设工程能够按国家法律法规、工程建设强制性标准以及施工合同规定的质量要求达到业主的建设意图,取得良好的投资效益。不属于强制监理范围内的工程由建设单位自己的质量监督人员或部门负责质量监督工作。二是建设工程承包单位,如勘察单位、设计单位、施工单位对自己所承担工作的质量管理,承包单位应按内部质量管理要求建立专门质检工作机构,配备专业的质检人员,建立质量保证制度如培训上岗制、审核校对制、质量抽检制、各级质量责任制和部门领导质量责任制等等,开展质量监督管理活动,履行质量监督管理责任。

四、工程质量验收程序

建筑工程施工质量验收由小到大划分为检验批、分项工程、分部工程和单位工程。

(1)检验批验收。检验批根据施工质量控制和专业验收的需要,按工程量、楼层、施工段、变形缝进行划分。其合格条件是:主控项目的质量经抽样检验均应合格;一般项目的质量经抽样检验合格,当采用计数抽样时,合格点率应符合有关专业验收规范的规定,且不得存在严重缺陷;具有完整的施工操作依据、质量验收记录。

(2)分项工程验收。分项工程按主要工种、材料、施工工艺、设备类别进行划分。其合格条件是:所含检验批的质量均应验收合格;所含检验批的质量验收记录应完整。

(3)分部(子分部)工程验收。分部工程按一般专业性质、工程部位划分,当分部工程较大或较复杂时,可以按材料种类、施工特点、施工程序、专业系统及类别将分部工程划分为若干子分部工程。其合格条件是:所含分项工程的质量均应验收合格;质量控制资料应完整;有关安全、节能、环境保护和主要使用功能的抽样检验结果应符合相应规定;观感质量应符合要求。

(4)单位(子单位)工程验收。建筑物或构筑物的单位工程如具备独立施工条件并能形成独立使用功能,则以该建筑物或构筑物为一个单位工程;对于规模较大的单位工程,可将其能形成独立使用功能的部分划分为一个子单位工程。单位工程合格条件是:所含分部工程的质量均应验收合格;质量控制资料应完整;所含分部工程中有关安全、节能、环境保护和主要使用功能的检验资料应完整;主要使用功能的抽查结果应符合相关专业验收规范的规定;观感质量应符合要求。

第二节 工程质量管理主要工作与存在的问题

一、工程质量管理主要工作

工程参与各方均负有工程质量管理责任。由于施工单位对工程质量管理具有最直接的关系,所以下面从施工单位的角度讨论工程各阶段的质量控制。

（一）施工准备阶段的质量管理

1．建立质量管理的组织机构

施工合同签订后，由项目经理部组建工程项目管理机构，建立质量保证体系，实施质量责任制，要将质量责任落实到工程建设各部门，以各自的工作质量来保证整体工程质量，做好质量计划的制订、实施和目标实现三个方面的工作。

2．测量基准点等的控制

建设工程开工之前，要将工程在建设地点进行准确定位，目的是使工程在规定的范围、位置进行建设。定位是用测绘仪器从现有的控制点坐标，引导出拟建工程的坐标，现有控制点就是拟建工程的基准点。工程开工前必须做好基准点、基准线、标高、施工测量控制网复核、复测工作，并填报抄测记录，这是工程施工事前质量控制的一项基础工作，也是施工准备阶段的一项重要内容。

3．开展图纸会审

图纸会审在项目质量计划编制前开展，由项目经理、技术负责人主持，以会议形式召开，目的是参建各方共同沟通、熟悉图纸，尽量发现和减少图纸的差错，减少图纸中的质量隐患。图纸会审应做好图纸会审记录，对发现的问题，应与设计人和发包人进行讨论、协商解决。

4．分包与采购控制

项目经理必须做好分包工程及采购计划，使分包与采购工作处于受控状态。

5．质量教育与培训

项目经理部应对全体施工人员进行质量知识、专业知识、管理知识和技能的教育和培训，通过提高人的质量意识和能力保证施工质量。

（二）施工阶段的质量管理

1．技术交底

技术交底由工程技术资料的编制人员向执行人员进行技术性交代，包括设计单位向施工单位进行设计图纸、设计变更交底，施工单位技术负责人向有关技术人员进行施工方案、施工组织设计、技术措施交底。技术交底的目的是使执行人员充分了解工程特点、技术质量要求、施工方法与措施和安全要求，以便科学地组织施工，避免技术质量等事故的发生。

2．工程测量质量控制

建设工程开工前应编制测量控制方案，由项目技术负责人批准，同时还应将测量控制方案、红线桩的校核结果、水准点的引测结果报项目经理部查验认可后方可施工。施工过程中对红线桩、水准点、工程测量控制桩等采取妥善保护，严禁擅自移动。建筑物轴线、标高及关键部位应由专业测量人员测量、质检员检查、技术负责人复核，填报"测量记录"及"施工测量放线报验单"由监理工程师签认，确保测量质量。

3. 材料、半成品和构配件质量控制

控制好材料、半成品和构配件质量是提高工程质量的重要保证，应做好以下几方面的工作：一是对材料、半成品和构配件供货单位的选择进行控制，评审供货商的质量保证能力，以招标方式选择供应商，建立供应商档案。二是建立材料、半成品、构配件运输、储存管理制度，避免材料、半成品、构配件损失、变质。进入现场的材料、半成品、构配件应分类标明其来源、加工过程、安装交付后的分部和场所。三是加强对材料、半成品和构配件质量的检查验收，把好报检、准用关，确保材料、半成品和构配件质量。

4. 机械设备的质量控制

施工单位要根据施工现场条件、结构模式、机械设备性能、施工工艺和方法、施工组织与管理、技术经济等因素，合理配备施工机械，配套使用，充分发挥机械的效能。应重视机械设备的维护与保养工作。

5. 计量器具的管理

工程计量器具种类很多，不同专业工程或者不同施工阶段所用计量器具不同，例如长度计量器具、力学计量器具、电学计量器具、热学计量器具等。计量器具是控制工程质量的重要工具之一，施工单位应制定计量器具的使用、保管、维修、检验等规章制度，计量人员应严格遵照执行，确保计量器具符合规定要求。

6. 施工工序控制

工序质量直接影响建设工程的整体质量，为了达到预防为主的控制目的，必须加强施工工序的质量控制。施工单位应设置工序质量控制点，对工序活动条件和工序活动效果进行质量控制，以达到整个施工过程的质量控制。工序质量控制采用数理统计方法，通过对工序的检验数据进行统计、分析，判断整道工序的质量是否稳定和正常，产生异常情况时须及时采取对策和措施予以纠正。

7. 工程变更控制

施工单位应根据合同约定的工程变更流程，严格按规定程序处理。发生工程变更时首先由变更方向监理工程师（或业主）提出申请。监理工程师与相关方研究做出变更决定后，发布变更通知，施工单位方可组织实施。

8．环境保护控制

施工单位应做好工程废渣、废水、粉尘、噪声等的污染防治措施；工程施工时把好材料验收关，不使用有害含量超标和淘汰的材料；施工所使用的材料做好防污染控制；工程竣工时检测室内空气污染物浓度，检测不合格不允许使用。

9．成品保护

成品保护是对工程施工过程中某项工序结束后的半成品或成品实施保护措施，以确保工程质量不受影响。例如在装修工程中，地面工程施工完毕后，需要及时遮盖保护，防止天棚、墙面工程施工时污染和破坏地面。所以成品保护要求对建筑产品或半成品应采用护、包、盖、封等措施妥善保护。

（三）竣工验收阶段的质量管理

1．竣工验收资料管理

单位工程竣工后，要进行最终检验和试验。单位工程技术负责人应按竣工资料的编制要求收集整理材料、设备、构件的质量合格证明材料，各种材料的试验检验资料、隐蔽工程记录、施工记录等质量记录，并按《建设工程文件归档整理规范》（GB/T 50328—2001）规定整理归档。

2．工程竣工预验收

当工程具备验收条件时，施工单位即向监理单位报送竣工申请报告。在竣工验收前，为了避免施工单位不严格履行质量管理职责，可能影响验收工作的质量和进度，可先由监理组织相关各施工单位进行工程预验收，预验收合格后，再由建设单位组织各责任主体进行竣工验收。

3．竣工验收的组织

工程完工后，施工单位向建设单位提交工程竣工报告，实行监理的工程，工程竣工报告须经总监理工程师签署意见。建设单位收到工程竣工报告后，对符合竣工验收要求的工程，组织勘察、设计、施工、监理等单位组成验收组，制订验收方案。建设单位应当在工程竣工验收 7 个工作日前将验收的时间、地点及验收组名单书面通知负责监督该工程的工程质量监督机构。

4．竣工验收过程管理

对竣工验收中发现的施工质量缺陷，由项目技术负责人组织技术、质量、生产等有关专业技术人员到现场进行检验评定，提出整改方案并予以纠正，在纠正后需要向建设单位提交竣工验收，确认工程质量符合强制性标准设计文件及合同要求。

二、工程质量管理存在的问题

（一）施工单位工程质量管理工作的问题

1．施工单位质量意识不强

施工单位质量意识不强是指施工单位对工程质量问题重视不足，对质量风险缺乏应对措施，质量意识不够。这表现在：施工单位虽然建立了质量管理规章制度，但并没有严格遵守执行；或者各项质量规章制度陈旧，没有按现行规范和强制性标准及时更新；对施工操作一线的工人，缺少质量安全培训；对于特种作业工人，如电工、木工等，没有严格执行持证上岗制度；为赶进度，工人长时间疲劳作业；施工质检人员配备不足，或者资格素质不够，不能按规定履行岗位职责；施工单位为节约成本，对质检设备投入不足，未对落后设备及时更新换代，现有设备缺乏保养、维护和校准；使用不合格的建筑材料，或者在工程中偷工减料；存在侥幸心理，认为违规操作不会被发现。

2．施工一线工人的培训机制不健全

建筑行业施工工人都是合同制工人，多数施工单位没有施工队伍，企业用工行为不规范，只用工不养工，施工单位既没有建立对工人群体进行技能培养的制度，更缺乏培养积极性。工人文化水平普遍较低，劳动强度大，流动性特别是跨地区、跨行业的流动性比较大，工人的施工技能大多数通过师傅带徒弟的形式学习。施工工人不了解施工现场的作业环境、质量知识和质量管理规章制度，也没有质量操作技能和质量管理意识，在施工中很容易导致质量事故。国家对此非常重视，近几年，住房和城乡建设部加强了建筑工人培训力度，一是通过委托建筑行业职业培训中心或职业学校组织培训，二是通过建立农民工业余学校培训。但是对工人的培训仍然存在许多问题，如培训经费不足、培训监管力度不够、培训效果不佳、培训后的技能证社会认可度不高等问题。

3．违法分包和转包工程

我国 2016 年 5 月 1 日全面实施营业税改征增值税。实行"营改增"后，由于转包工程的进项税与销项税纳税主体不一致，出现无法抵扣的情况，对转包行为有一定的遏制作用。但当前施工单位仍然存在违法分包和非法转包的现象，有的建设工程甚至存在层层转包的现象。由于违法分包和转包，实际完成工程施工的单位往往不具有施工资质、管理水平低下、施工设备落后、技术人员和工人的能力素质不够，给施工质量造成了巨大的隐患。

（二）监理单位工程质量管理工作的问题

这主要体现在：监理人员未严格按照监理工作计划进行监理工作，监理人员配置不符合合同承诺要求，监理人员不到位；现场监理人员业务能力不足，责任心不强，监理记录资料不全或缺失，未按要求进行检验、巡检和旁站等工作；监理人员对工程

质量控制松懈，没有采取有效措施实施质量控制；监理人员工作中原则性不强，对施工单位不符合工程质量要求的行为不及时制止或要求整改。

（三）建设单位工程质量管理工作的问题

《建筑法》第七条规定，建筑工程开工前，除规定限额以下的小型工程外，建设单位应当按照国家有关规定向工程所在地县级以上人民政府建设行政主管部门申请领取施工许可证。目前，仍然有建设单位违反法律法规，没有办理施工许可证就开始施工，有的甚至在工程结束时仍未取得行政许可。有的建设单位为了节约成本，擅自将工程承包给不具备施工资质的单位，为工程质量安全埋下了隐患。此外，有的建设单位在建设工程施工过程中不遵守客观规律，盲目压缩工期，无视工程质量管理要求，施工工人在工期压缩要求下进行疲劳作业，非常容易引发质量安全事故。有的建设单位迫使施工单位低价竞标，要求施工单位垫资施工，造成了施工单位资金紧张，既扰乱了建筑市场秩序，也导致建筑工程施工企业没有闲余资金增加质量投入，影响了质监工作效果。建设单位对监理单位监督不力，对于监理履职不规范、不到位等问题，建设单位未要求其及时整改。

（四）质量监督机构存在的问题

由于当前我国建筑业发展十分迅速，各地区的质量监管机构和监管人员数量与日益增长的建筑工程规模已经不相适应。在实际工作中，建筑工程数量众多，而监管人员不足的现象普遍存在，导致了建筑工程的质量监督管理工作没有充分发挥作用。监管人员的能力与素质也亟须提高，监管人员的新老交替不及时，年轻的监管人员缺乏现场监管经验，老监管人员由于精力跟不上，基本不再亲临一线施工现场进行监管，从而导致了监督执法力量不足的问题。国家控制了监管费用的收取，部分监管人员的编制问题不能得到有效落实，造成质量监管机构经费紧张，影响了质量监管机构人员的工作积极性。在县级以下的监管工作中，监督执法不严现象普遍，发现质量问题后存在讲情面现象，影响了质量监督执法的效果。建筑工程中本来就存在着复杂的人脉关系，基本都由本地企业参与施工建设，一线监督执法人员在现场发现问题后，施工企业仰仗某些领导的一个招呼就逃避了处罚，降低了监督执法工作的严肃性和威慑力。

第三节 工程质量管理审计实务工作的重点

一、工程质量保证体系审计

工程参建各方，主要是建设单位、监理单位和承包单位（勘察、设计、施工单位）都应建立完善的工程质量保证体系，审计时重点关注各单位质量管理机构的设置情况，人员资质和配置数量能否满足工程质量管理的要求，有无完善的质量管理制度，质量管理机构开展工作情况，质量管理机构各项资料的整理、归档情况。

二、参建单位工作质量审计

审计时重点关注以下情况：

（1）建设单位应按规定办理施工许可证；按照规定组织对单位、单项工程进行验收，验收不合格的工程应采取有效措施督促整改，工程必须经验收合格才能投入使用，验收报告应报主管部门备案。

（2）勘察、设计、施工单位应具备与工程等级、规模、难度、特点相一致的资质，并符合国家资质管理规定；勘察设计单位为完成勘察设计任务配备的专业人员数量、资质应符合要求，企业内部应建立并严格执行勘察设计文件审批流程，勘察设计文件应当有足够的时间完成，不能一味追赶进度忽视工作质量；如施工过程中发现设计变更很多，则反映出勘察设计工作质量可能存在问题，各方应明确责任，寻找原因并避免发生同样的问题。

（3）施工单位不能存在挂靠资质、违法承包、违法分包、转包工程情况；应按照规定编制并报批施工组织设计，并严格遵守实施；按合同要求配备项目管理人员、机械设备，项目经理应具有建造师执业资格，施工工人尤其是特种作业工人应持证上岗；施工现场安全文明施工标识清楚，所有人员必须戴安全帽，高空作业必须系安全带；现场严格控制工序质量，按照工程施工质量验收统一标准组织检验和验收，应特别关注隐蔽工程质量的管理，隐蔽工程在隐蔽前应由施工单位通知监理单位进行验收，并应形成验收文件，验收合格后方可继续施工；应建立隐蔽工程验收记录，各方签字完整，不存在补签的情况，必要时还要保留照片和视频资料；严格按图施工，工程变更严格履行审批流程；对存在的质量问题及时整改；如发生质量事故，不存在瞒报、谎报或拖延不报情况，不能在事故调查处理中弄虚作假。

（4）实行监理的工程，监理单位应按合同约定设置组织机构，监理工程师的专业和数量与合同一致，应配备质量检测工具，总监理工程师和现场监理工程师按规定时间到岗履职，不存在长期不到岗的情况；监理人员不能与施工单位人员串通，降低工程质量检验标准，应该抽检的项目，不能人为造假；监理单位认真记录工作日志，不存在补记情况；应由监理单位、总监理工程师签字的文件，应该真实发生，并应按规定履行签字手续，不存在事后统一补签情况，更不能造假。

三、主要建筑材料质量审计

传统的三大主要建筑材料是钢筋、水泥、木材，三大主材的用量很大，其质量对工程质量有重要影响。2016年9月27日，国务院办公厅发布的《关于大力发展装配式建筑的指导意见》（国办发〔2016〕71号）提出大力发展装配式混凝土建筑和钢结构建筑，在具备条件的地方倡导发展现代木结构建筑，要提高装配式建筑在新建建筑中的比例。装配式建筑是用预制构件在工地装配而成的建筑,预制构件是在工厂加工生产的建筑半成品,如外墙板、内墙板、阳台、楼梯、预制梁、预制柱等,预制构件与现场作业相比,质量更加稳定,生产过程更环保,生产成本更低廉,使用预制构件能够加快建设进度。根据意见精神,预制构件将逐步成为工程主要材料。审计重点关注:采购环节,施工单位应建立主要材料合格供应商名册,材料和构件采购方式、程序应符合规定,采购合同内容应当标准化、规范化。材料进场环节应具有材料合格证、材质证明、试验报告、验收记录等资料,对涉及结构安全、节能、环境保护和主要使用功能的试块、试件及材料,应在进场时或施工中按规定进行见证检验;保管环节应有专门的仓储保管区域或仓库,设专门的保管人员,有完整的材料收发记录。

四、工程实体质量审计

工程实体指竣工工程及其组成部分,如基础、墙体、楼地面、门窗、楼梯等。审计重点关注:对涉及结构安全、节能、环境保护和使用功能的重要分部工程应在验收前按规定进行抽样检验;工程的观感质量应由验收人员现场检查,并应共同确认;工程实体符合工程勘察、设计文件的要求,符合工程质量验收标准和相关专业验收规范的规定;质量验收资料完整。

第四节 工程质量管理审计案例

一、某镇高标准基本农田建设项目审计

(一)案例情况及背景材料

L县A镇高标准基本农田建设项目,项目建设规模为286 hm^2,建设单位为L县土地整治中心,项目批复概算总投资1 365万元,其中工程施工费1 156万元,资金来源为D市财政资金。2016年12月通过公开招标确定Y施工单位为中标人,L县土地整治中心与Y施工单位签订施工合同,合同金额即中标金额1 050万元。2017年1月开工建设,主要施工内容为田间道路、土地平整、灌溉与排水沟渠,2018年5月项目竣工并通过验收,验收结果:合格。

2018年7月D市审计局对本项目进行审计,审计的重点内容是项目质量。根据以往对基本农田建设项目的审计经验,类似项目质量存在较多问题。

(二)审计组织及实施过程

审计组进驻L县土地整治中心,要求业主单位提供如下资料:①项目前期资料,如资金计划、概算批复;②招投标资料;③施工合同及补充协议;④施工图纸及设

计变更、竣工图,第三方测绘图;⑤施工过程资料,如监理日志、隐蔽工程验收资料、检验报告等。

审计组详细查阅了项目过程资料,没发现异常,然后把重点转移到工程现场。审计组委托第三方检测机构对道路路面混凝土抽芯检测,沿道路中线每隔100 m抽一次芯,测量混凝土路面厚度、检测混凝土抗压强度;对排水管道进行破坏性检查,挖开排水管沟,检查排水管沟槽回填材料与隐蔽工程验收资料、检测报告是否一致;用滚轮测距仪测量道路长度。

（三）发现问题及定性依据

通过现场勘查发现如下问题:

(1) 混凝土路面设计厚度20 cm,抽查厚度为16～18 cm,超出混凝土道路质量验收规范规定的允许误差±5 mm。

(2) 路面混凝土的设计强度为C20,实测抗压强度为C15,不符合施工图设计文件的要求。

(3) 排水沟槽回填材料,施工图设计文件上规定的是原土或砂卵石,隐蔽验收资料记录的回填材料是砂卵石,现场实际回填材料是原土,隐蔽验收资料与现场实际不符。

(4) 竣工图上6 m宽新建田间道长度为3 824 m,实测长度为3 685 m,实际长度与竣工图上长度不符。

（四）审计建议及处理结果

针对审计发现的问题,审计组向业主单位进行了通报,上述问题暴露了业主单位、监理单位的质量监督管理形同虚设,未尽到质量管理职责,造成国家财政资金浪费。D市审计局将线索移交市监察委,经调查,业主单位主要负责人朱某涉嫌受贿50万元,法院审理判决朱某有期徒刑3年6个月。监理单位问题移交市建委,市建委给予停业整顿半年的处理决定。施工单位将不合格田间道混凝土路面拆除,重新按设计要求施工,并处30万元罚款。

（五）总结与启示

本工程为基本农田建设项目,实施地点在乡村,隐蔽工程验收资料造假比较常见,道路施工过程中偷工减料现象严重,在审计过程中重点关注隐蔽工程,必要时可以进行破坏性检查。本项目在竣工验收时抽芯都是由施工单位指定的地方,预先做好的,符合设计要求。尽管验收资料可以造假,但现场情况让假象无处遁形。

另外,在审计过程中应多方面对照一致,施工图与变更资料结合起来应与竣工图一致,隐蔽工程验收资料应与检测报告一致,做假资料难免有疏漏之处,这就要求设计人员有丰富经验,于细微处发现问题。

二、某地产项目审计

（一）案例情况及背景材料

A公司投资开发的某地产项目，建筑面积约42 hm^2，工程总投资28.56亿元，2016年8月开工建设，2018年12月竣工。A公司聘请B造价咨询公司作为项目全过程跟踪审计单位，负责其中的一标段（约22 hm^2）。

委托全过程跟踪审计的工程范围：本项目全部单体及室外配套工程，单体工程包括但不限于平基土石方工程、基础工程、建筑安装工程、外墙保温、外墙饰面、屋面工程、防水工程、公共部位装修、会所装修、样板房装修、栏杆、门窗、智能化、地采暖、空调、金属构件、消防工程等的施工和材料设备等。室外配套包括但不限于室外水、暖、电、燃气、综合管网、道路、环境铺装、绿化、部品设施、围墙、挡墙等各类构筑物等小区配套工程。

（二）审计组织及实施过程

全过程跟踪审计的主要工作：

（1）对业主、施工单位、监理单位的各项内控制度提出合理化建议和意见，完善建设项目现场管理制度，如工程签证管理、材料设备采购、价格控制、验收、领用、清点，设计变更管理制度等。

（2）检查该项目相关单位和部门的合同履行情况，检查有无违法转包、分包现象，重点检查：① 工程进度；② 合同实质条款内容发生变更时有无及时签订补充合同；③ 有无违法转包、分包现象，检查施工单位是否与合同单位一致。

（3）检查项目概算执行情况。

（4）积极配合业主，控制、优化工程变更，根据工程用途及市场行情，提出建设性的优化方案。经常深入施工现场，掌握工程进展及变更的落实情况，为准确计量掌握真实资料。检查工程设计变更、施工现场签证手续是否合理、及时、完整、真实。参与工程造价控制的有关会议，参加工地监理例会，提出合理化建议，并收集整理相关会议记录。适时对施工现场进行查勘，核实有关设计变更及签证，及时了解工程情况并进行必要的拍照、摄像，留取证据，确保计量准确和审核完整真实。

（5）做好隐蔽工程的查看和验收，涉及造价增减的，要做到图片、文字资料齐全，及时办理确认手续并存档。

（6）参与特殊材料、设备的核价工作，并提出合理化建议。

（7）负责对施工单位上报的已完成工作量月报进行审核，并提供当月付款建议书；严格控制管理工程进度款支付审核，坚决杜绝工程款超付现象。

（8）按照合同约定，对索赔项目进行审核，合理合法地确认工程投资。各种确认资料及时办理，防止索赔事件的发生。现场资料日清月结，为工程月报的编制及工程现场动态成本控制分析提供准确数据。

（9）负责向业主单位、施工单位、监理单位宣传跟踪审计的程序、内容及要求，最大限度地达到控制工程投资的目的。

（10）及时核定分阶段完工的分部工程结算，提供完整结算报告。

从以上跟踪审计的工作内容可以看出，B 公司作为项目全过程跟踪审计单位，主要职责是对成本进行控制，"力图使本工程质量最优、工期最短、成本最低"，由于质量管理、工期管理、成本管理三者之间具有协调统一的关系，B 公司对工程施工质量作为过程审计的重点。审计组驻场代表共 5 人，其中总负责 1 人，土建工程 2 人，安装工程 2 人。质量管理审计的重点是隐蔽工程，如基础、钢筋、防水、保温，另外在安装工程中，施工单位往往不按照合同清单中标明的设备品牌、规格型号进行采购、安装，而是通过更换设备品牌以达到降低成本的目的。

（三）发现问题及定性依据

（1）基础垫层混凝土浇筑厚度不足。

（2）地下室迎水面混凝土保护层厚度不足。

（3）剪力墙转角位置墙身水平筋端部收头不规范。

（4）地下室底板混凝土出现干燥收缩裂缝。

（5）地下室钢板止水带未朝迎水面做弯折处理。

（6）钢板搭接焊缝不饱满、夹渣（焊渣未清理）。

（7）地下室外墙 SBS 防水卷材铺贴出现空鼓及烧伤现象，SBS 防水材料厚度 2 mm 与设计文件上防水材料 4 mm 不一致。

（8）桩钢筋笼螺旋箍间距过大且未满绑（跳绑）。

（9）外墙保温材料（XPS 挤塑聚苯板）施工图设计文件上厚度是 35 mm，现场施工厚度为 25～30 mm，不符合要求。

（10）小区监控摄像头，合同清单上的品牌是英飞拓（进口）高清摄像头，施工单位实际安装的是一般品牌的普通摄像头，价格便宜 50%。

以上质量问题与设计文件、施工验收规范、合同约定不符，属于施工单位偷工减料，未依法履约。

（四）审计建议及处理结果

我们将上述发现的问题及时告知建设单位、监理单位，监理单位发出整改通知，由此造成的工期延误不予顺延，垫层、外墙保温等按实际厚度进行结算，对能整改的按合同、规范进行整改，并对施工单位处罚 5 万元。在事实面前，施工单位承认了施工过程中的不当行为，并积极进行整改，通过自我挽救措施改善了与建设单位的紧张关系。

（五）总结与启示

当前建筑市场施工单位通过低价中标，在施工过程中偷工减料降低成本、增加变更工程提高利润是普遍做法。我们在全过程跟踪审计过程中必须重点关注工程质量，懂得施工工艺、验收规范，熟悉设计图纸，针对施工过程中常见的质量问题重点关注。"在办公室埋头计算一天不如到现场转一圈"，现场踏勘是审计取证的必要步骤，踏勘前制订踏勘方案，设计变更部位是重点关注的方面。

　　对合同中有指定品牌的乙购材料，要核对建设单位提供的材料设备使用许可证及进场验收台账，对使用非合同指定品牌的材料，根据合同约定扣罚。要核实实际进场验收的材料、设备等的质量、规格等是否满足设计要求；特别是对于乙供的材料，如电缆桥架的厚度、装饰石材的厚度也会出现进场验收记录与设计要求不一致的，必要时可现场复核。

参考文献

[1] 崔振龙,等. 跟踪审计[M]. 北京:中国时代经济出版社,2014.
[2] 陈建国. 工程计量与造价管理[M]. 4版. 上海:同济大学出版社,2017.
[3] 戴芝安. 工程五算审计[M]. 北京:中国时代经济出版社,2011.
[4] 丁洁. 建筑工程项目管理[M]. 北京:北京理工大学出版社,2016.
[5] 樊金枝,等. 工程审计实务[M]. 北京:中国电力出版社,2015.
[6] 付晓灵. 工程造价与管理[M]. 北京:中国电力出版社,2013.
[7] 高雅青,等. 工程项目审计经典案例精选[M]. 北京:中国时代经济出版社,2017.
[8] 胡鹏,等. 工程项目管理[M]. 北京:北京理工大学出版社,2017.
[9] 韩国波. 建设工程项目管理[M]. 2版. 重庆:重庆大学出版社,2017.
[10] 何元斌,等. 工程项目管理[M]. 成都:西南交通大学出版社,2016.
[11] 蔺石柱,等. 工程项目管理[M]. 北京:机械工业出版社,2006.
[12] 刘涛,等. 建设工程监理概论[M]. 北京:北京理工大学出版社,2017.
[13] 郝攀,等. 工程造价与管理[M]. 成都:电子科技大学出版社,2016.
[14] 刘严. 现代建设工程项目全过程管理与控制[M]. 郑州:河南科学技术出版社,2014.
[15] 刘景园,等. 建设监理与合同管理[M]. 北京:北京工业大学出版社,2000.
[16] 庞业涛,等. 工程项目管理[M]. 2版. 北京:北京理工大学出版社,2018.
[17] 邱四豪. 建设工程项目管理[M]. 上海:同济大学出版社,2015.
[18] 戚安邦. 工程项目全面造价管理[M]. 天津:南开大学出版社,2000.
[19] 审计署固定资产投资审计司. 工程质量审计研究[M]. 北京:中国时代经济出版社,2012.
[20] 时现. 建设项目审计[M]. 北京:中国时代经济出版社,2015.
[21] 施炯. 建设工程项目管理[M]. 杭州:浙江工商大学出版社,2015.
[22] 唐连珏. 工程造价的确定与控制[M]. 北京:中国建材工业出版社,2001.
[23] 天职(北京)国际工程项目管理有限公司. 建设项目跟踪审计实务[M]. 北京:中信出版社,2013.
[24] 王瑞芝,等. 工程项目合同管理[M]. 北京:国防工业出版社,1996.
[25] 王照雯. 建设工程监理概论[M]. 上海:复旦大学出版社,2013.
[26] 王德元. 中国建设项目审计指南[M]. 北京:中国计划出版社,1997.
[27] 向乐乐. 工程项目审计[M]. 成都:西南交通大学出版社,2012.

[28] 袁景翔，等. 建设工程监理[M]. 重庆：重庆大学出版社，2015.
[29] 尹素花. 建筑工程项目管理计[M]. 北京：北京理工大学出版社，2017.
[30] 严晓健. 公私合作伙伴关系（PPP）的应用及审计重点探讨[J]. 审计研究，2014（5）：46-51.
[31] 杨平，等. 建筑工程项目管理[M]. 成都：电子科技大学出版社，2016.
[32] 中国内部审计协会. 建设项目审计[M]. 北京：中国时代经济出版社，2008.
[33] 赵庆华，等. 工程审计[M]. 南京：东南大学出版社，2018.
[34] 赵春红，等. 建设工程造价管理[M]. 北京：北京理工大学出版社，2018.
[35] 张鼎祖，等. 工程项目审计学[M]. 北京：人民交通出版社，2013.
[36] 朱红章. 工程项目审计[M]. 武汉：武汉大学出版社，2011.
[37] 中天恒建设项目审计编写组. 建设项目审计操作案例分析[M]. 北京：中国市场出版社，2015.
[38] 张婀娜，等. 建设工程项目管理[M]. 北京：中国电力出版社，2011.
[39] 周树琴. 建筑工程造价与招标投标[M]. 成都：成都科技大学出版社，1993.
[40] 钟汉华，等. 建筑工程项目管理[M]. 南京：人民交通出版，2007.
[41] 赵毓英. 建筑工程施工组织与项目管理[M]. 北京：中国环境出版社，2012.